De l'ébène à l'ivoire

Llewelyn Powys

De l'ébène à l'ivoire

traduit de l'anglais
par
Patrick Reumaux

Klincksieck

DE NATVRA RERVM

collection dirigée
par
Xavier Carteret et Patrick Reumaux

Titre original :
Ebony and Ivory (1923)
Black Laughter (1925)

en couverture :
Winold Reiss, *Ebony and Ivory*, 1923
adaptée avec la permission de la succession Reiss.

isbn 978-2-252-04696-8

Sur l'ébène et l'ivoire est gravé le même sombre destin.

Proverbe arabe

L'ÉBÈNE

Dédié à
John Cowper Powys
dont j'ai eu l'audace d'aimer
le froid et mystérieux
cœur planétaire

1.

Dieux noirs

Enfin libre après cinq années passées à m'occuper d'un élevage de moutons, j'ai le temps d'essayer de comprendre le secret de l'Afrique, chose impossible à faire dans le désordre, le tourbillon et les soucis du travail. Il n'est pas donné aux éleveurs de comprendre l'univers. Compter les moutons, tenir les registres, s'occuper des bains parasiticides, voilà qui est trop accaparant, trop pesant pour permettre à l'esprit de vagabonder.

Il y a maintenant un mois entier que je suis libre et, tous les jours, je file jusqu'au lac Elmenteita[1]. Tôt le matin, je respire l'air frais sur la rive, ne la quittant qu'une heure avant la tombée de la nuit, quand les hippopotames poussent des bâillements et sortent une énorme tête de l'eau. Combien de fois me suis-je dit que, si je pouvais rester suffisamment

1. Lac salé situé dans la région du Grand Rift au Kenya situé à 120 kilomètres au nord-ouest de Nairobi.

tranquille, suffisamment silencieux, je serais capable d'entendre la secrète pulsation du grand cœur de cet étrange continent. Assis immobile sous un épineux mort, non loin de la rive du lac, je m'oubliais totalement, uniquement sensible à chaque bruit, chaque spectacle offert sur ces eaux lointaines, retirées, éclairées par le soleil.

Comme elle est amère, la rumeur de l'Afrique ! Et fantastique ! Pas le moindre chant de grive ou de merle tremblant dans la beauté du matin au soir. Seulement, dans le lointain, au fond de la forêt, la note monotone, métallique, de l'oiseau carillonneur et au-dessus des roseaux le cri perçant d'un oiseau aquatique, aussi étrange que son bec.

Les chants des oiseaux d'Afrique sont primitifs, criards, de même que les fleurs ont des couleurs criardes, primitives. Les cris discordants, sans mélodie, s'accordent aux orangés, aux pourpres, aux flammes des floraisons. Et les hippopotames, quelle présence élémentaire, quelle apparence ! Songez-y, regardez-les en train de s'ébrouer, et de barboter et de renifler dans ces eaux depuis les premiers âges : monstres antiques, plus vieux que l'Italie et la Grèce, que Babylone et Carthage – pendant des millénaires ces lourdes formes inoubliables sont sorties de l'eau, nuit après nuit, pour mâcher et recracher la belle herbe de la forêt ! Avant même que le bonheur naturel de cette planète baignée par le soleil ou éclairée par la lune eût été gâché par l'apparition de cet animal au cerveau dérangé, l'homme, ces énormes créatures s'ébattaient à minuit dans ces clairières. Il y a deux jours, un mâle a été tué d'une balle. Il a fallu pas moins de douze bœufs pour hisser cette énorme masse hors de l'eau.

Et les pythons aux multiples anneaux qui nagent à la surface : comme ils rappellent les temps préhistoriques – quand les eaux, entourées de volcans déchiquetés, pas encore correctement brassées, étaient si empoisonnées que seuls les serpents et les hippopotames pouvaient y boire sans risquer la mort !

Qu'ont-ils à dire, les dieux des hippopotames du lac Elmenteita, assis, siècle après siècle, avec les embruns salés de ces eaux mauvaises dans les narines ? Quelle expression prennent leurs yeux quand ils jettent un regard sur ces étendues clapotantes qui ondulent le long des rives blanchies ? Les hippopotames font jaillir des gerbes d'eau, les chacals aboient. Dans les buissons de la rive, le daim surpris détale avec fracas, et beaucoup plus loin, dans le bush accidenté, les lions sèment la crainte dans le cœur de toutes les créatures nocturnes à l'écoute.

Les dieux aussi écoutent, impassibles.

Sous le soleil radieux d'un jour d'Afrique, l'antilope s'approche du bord de l'eau. Les phacochères vont à l'abreuvoir ou, la queue dressée, détalent en un clin d'œil. Formant une longue ligne courbe, la tête baissée, les flamants décollent soudain tous ensemble et s'éloignent en décrivant des arcs gracieux d'un stupéfiant rose-rouge.

Les dieux aussi regardent, impassibles.

Un voyageur revenu d'Égypte par le Nil me parle du Sphinx.

« Chaque jour, me dit-il, pendant trois mille ans, ce monstre de grès a observé le soleil se lever sur le désert.

— Et quelle émotion éprouve-t-il en contemplant ce spectacle journalier ?

— Il a l'œil d'un bœuf et cette patiente indifférence qui n'appartient qu'au bœuf. »

Quel œil ont donc les idoles divines de ce lac d'Afrique centrale ? Un œil dépourvu d'expression, impassible, tandis que, année après année, génération après génération, les beaux corps pleins de grâce des hommes sont donnés en pâture aux mâchoires puantes des hyènes. Rien n'importe à ces vieilles idoles noires du lac, à ces dieux des hippopotames, à ces dieux d'Afrique. Ils n'ont aucun point commun avec Celui qui, d'une beauté tragique, était si tourmenté par le malheur du monde qu'Il lui a fait don de Sa vie, pensant que, par cet acte héroïque, Il en soulagerait la tristesse. Entre le lac de Galilée et le lac Elmenteita coulent maints fleuves, il y a bien des plaines herbues, bien des déserts, bien des différences – mais où trouver la vérité ?

Ces dieux du lac Elmenteita sont heureux chez eux, et à l'aise en Afrique, pas les dieux d'Asie et d'Europe. Dans cette terre impitoyable, dépourvue de cœur, les beaux dieux vivants de notre monde ne peuvent être autre chose que des étrangers. Même si, en Europe, leurs autels demeurent froids et sans lumière, Pan et Apollon ne devraient jamais s'aventurer dans ces parages. Le hennissement haut perché du zèbre les rendrait sourds et le cri du lori écarlate leur paraîtrait effrayant. Si le Christ en personne, délaissant les sentiers battus de Samarie, les champs et les chemins de Galilée, était venu en Afrique, aurait-Il pu faire entendre raison aux Bantou de la baie de Kavirongo ou instiller la pureté dans le cœur d'un seul Massaï ?

Sous le sortilège de ce soleil impitoyable, tout le pays, oui, l'univers entier semble damné, pris à la gorge par l'inévitable garrot du destin, et les croyances les plus sacrées de l'homme deviennent aussi impalpables et irréelles que les mirages du lac Obolosat. Tel un lion à la crinière noire, l'Afrique boit le sang vital de toutes les illusions délicates qui ont si longtemps dansé devant les yeux des hommes et les ont rendus heureux. La vérité seule est épargnée. Ce que l'Europe suspectait est rendu évident ici : *au fond du puits de la Vie, il n'y a aucun espoir.* Sous le Scorpion, sous la Croix du Sud, dans l'impassible clarté du soleil tropical, il est certain que l'âme du monde sonne creux : *la surface est tout, au-dessous il n'y a rien.* C'est un secret de polichinelle que n'importe qui peut comprendre. Il a même pénétré sous le crâne épais des hommes noirs : les Massaï, qui accompagnent leur bétail bossu, le savent, et les Kikuyu, penchés sur leurs arpents cultivés, ne peuvent le nier.

Les missionnaires essaient en vain de faire entrer dans ces caboches noires leurs contes merveilleux et pathétiques. Personne ne les croit. Les Hindous apportent avec eux les subtilités de leur enseignement mais, sous les rayons directs de ce soleil brûlant, tout ce mysticisme oriental est réduit à néant.

Les indigènes d'Afrique ont entendu ce qu'ils ont entendu, vu ce qu'ils ont vu, et peut-être que, par une étrange ironie, il leur a été donné, plus qu'à n'importe quel autre peuple, d'atteindre le cœur de la matière. Leur vision du monde n'a jamais été influencée par les vagues désirs d'immortalité issus de vastes déserts, pas plus qu'ils n'ont eu l'esprit faussé par les rumeurs du monde campagnard d'Europe. Ils n'ont conscience que de l'urgence primitive de la vie qui les entoure, des innombrables manifestations de la Nature impénétrable. Ils sont témoins du jeu étrange de la fortune et du hasard et de l'irrévocabilité de chaque événement particulier. « Tout est écrit d'avance. Au-delà de notre compréhension règne une inaltérable destinée. La matière seule gouverne. Danger ! Nous sommes trahis. »

Par exemple, leur apparente indifférence à la maladie. L'issue paraissant totalement hors de leur portée, ils se tiennent à l'écart, comme s'ils observaient la chose du dehors, que le dénouement soit heureux ou fatal. Regardez comme ils ont une répulsion instinctive envers un homme mort – le cadavre raidi à la peau sombre leur rappelant avec horreur que leurs jours aussi sont comptés. En présence d'un mort, aucun sentiment catholique ou mystique n'altère leur réaction naturelle. Toute conception d'un corps glorieux ou d'une résurrection physique leur paraît une chose enfantine et impossible. Les jours alloués à cet homme sont passés. Il faut s'écarter de lui, sous peine de se voir cruellement rappelé que nos jours sous le soleil ont également un terme. En Afrique, quel que soit l'endroit où un homme meurt, dans sa maison, dans son jardin, dans la forêt, il est laissé là – nourriture pour les vautours, pour les hyènes, pour les vers. Je pense parfois que la sagesse des indigènes excède la nôtre en ce qui concerne les fins ultimes. De même qu'aucune folie n'excède la leur pour tout le reste. Ils n'ont pas l'esprit blasé, empêtré dans la recherche d'explications sur le sens d'une vie qui pour eux n'en requiert aucune. Homme et bête, gibier et poisson, herbes et frondaisons ont été appelés à vivre un court moment selon la capricieuse volonté de la Nature – du Soleil : la mort guette chacun et, le moment venu, la planète elle-même. Dans les villes, les campagnes, nous avons créé une douce atmosphère désenchantée, lourde d'effluves d'immortalité. Dans les bois et les pâturages, le soleil radieux du matin a un parfum de religion. En Afrique, le soleil brûle tout cela et laisse à nu les os de la terre pour qu'elle nous raconte son histoire. Chercher un sens, un but à la vie, ici, en Afrique, semble aussi bête que chercher, dans la Création, le sens de la mort d'un ichtyosaure éteint, dont l'existence absurde a déjà atteint le terme fixé. Le soleil se couche une fois de plus en direction des formidables crêtes dénudées des monts Mau. Je me lève de l'endroit où je suis resté assis pendant cette longue journée tropicale. Je quitte la rive écumeuse de ce lac sulfureux et, me faufilant à travers les roseaux et les acacias[2] qui ressemblent à des cèdres,

2. En anglais, *mimosa-trees*. Il ne s'agit évidemment pas des mimosas de la Côte d'Azur, mais d'un acacia au sommet aplati (*Acacia xanthophloea*) qui appartient à la famille des Fabacées. On le trouve près des plans d'eau (rivières, mares, lacs) dans la vallée du Grand Rift au Kenya. Les moustiques de cette région pouvant transmettre la malaria lui ont valu (même s'il n'y est pour rien) le surnom d'arbre à fièvre. L'écorce est jaunâtre et les rameaux portent des épines blanchâtres pouvant atteindre 4 centimètres de long.

je passe près de l'endroit où l'hippopotame a été tué il y a deux jours. Ce n'est plus qu'une masse noircie de matière putrescente. La dépouille, tout ce qui reste, a l'air liquide. Le corps n'est qu'une surface, où, l'un sur l'autre, tremblent d'innombrables vers qui, à intervalles, tombent sur le sol déjà noirci par la couche de ceux tombés les premiers. Sur leur trône, les dieux du lac Elmenteita restent silencieux. Ils ne se font pas d'illusions : ils ne sont pas ridicules.

2.

Journal d'un éleveur de moutons

28 mai. La confirmation longtemps attendue de mon billet de retour est arrivée ce matin. J'ai une couchette à bord du *Rufus Castle*, qui prend la mer le 3 juin. Je quitte Gilgil pour Mombasa demain à quatre heures du matin. Ces années sont enfin derrière moi, je vais pouvoir m'échapper et vivre de nouveau dans les gracieuses cités de la chrétienté. Ici, le pays est terrible, sans âme. Le soleil incendiaire – fatale tête de Gorgone de l'Afrique – transforme tous les cœurs en pierre. Il s'est produit hier un événement très significatif. En traversant la forêt, j'ai aperçu un vieil indigène en train de cacher une peau de mouton dans les fourrés. Certain qu'il était impliqué dans le vol des cinq moutons disparus des enclos la semaine dernière, pris d'une rage aveugle à l'idée d'avoir encore une fois été dupé, je l'ai rejoint au galop et frappé à coups de fouet. Le voyant à terre, je suis descendu de mon cheval et l'ai bourré de coups de pied, comme je l'aurais fait à n'importe quel chien, n'importe quel cabot *sans crocs*.

À l'heure du déjeuner, mon boy m'a dit que ce vieillard, Kekwa, avait acheté une peau hier parmi celles que j'avais mises de côté pour les vendre aux indigènes.

29 mai. Il faisait noir ce matin quand j'ai chevauché jusqu'à la gare. Au sommet de la colline, j'ai laissé reposer le cheval un moment et, à la lumière incertaine de la lune, je me suis retourné pour jeter un regard sur les sombres contours sinistres de la vallée du Rift, si familière. Alors, tout m'est revenu ! Le temps de l'agnelage en octobre – celui de la tonte, celui du bain pérenne –, les endroits où j'avais enterré des indigènes, où j'avais piégé des lions.

Loin sur la gauche, en voyant les monts Eburu, je me suis rappelé les jours nombreux passés à chevaucher jusqu'au camp lointain de Nagum. Je me les suis rappelés presque avec nostalgie maintenant qu'ils étaient passés. Ces jours de la saison sèche, où tout n'était que poussière, sans une goutte d'eau, les moutons haletant dans tous les coins d'ombre qu'ils pouvaient trouver et n'essayant de brouter que vers le soir… et ceux de la saison humide, sous une pluie oblique tombant continuellement, heure après heure noyant le paysage, quand parcourir les vingt-cinq kilomètres qui me séparaient de ma maison me semblait une épreuve.

Le train était à l'heure. À Naivasha, le jour a commencé à poindre. À partir de là jusqu'à Nairobi, la ligne m'a toujours paru déprimante. La gare minable de Kijabi où l'on sert un petit-déjeuner et de misérables figues qui ont mauvais goût, l'usine de bacon des hauts plateaux imposant sa présence moderne et ses modernes charcuteries, les tristes plantations en clayonnage si évocatrices de l'exploitation que nous faisons du pays, les routes sableuses, rongées, de la réserve, les groupes d'enfants nus et de femmes chargées comme des mules, la maison du vieux Wardel à la gare de Kikuyu – il y a de quoi broyer du noir !

À Nairobi, deux commerçants sont montés dans mon wagon. Un vieil Écossais – un magasinier – transportant avec lui d'innombrables paquets pour sa boutique à Magadi afin d'éviter les frais de transport – et un chauve entre deux âges au visage congestionné, ivre, dégoulinant de sueur et puant le whiskey.

De Nairobi à Mombasa, la ligne était nouvelle pour moi. Je ne l'avais encore jamais empruntée depuis mon arrivée dans le pays, cinq ans plus tôt. Occupé à regarder par la fenêtre, j'ai soudain pris conscience, vers le soir, de la présence du Kilimandjaro, silencieux, dominateur, dramatique, à plus de quatre-vingts kilomètres au milieu de vastes plaines d'une herbe rouge ondulante et plumeuse, mais, en dépit de la distance, je voyais très clairement les hautes pentes glaciales des volcans. Le soleil se couchait, les rayons obliques conférant à la scène ce cachet mélancolique qui est la marque de la nature éternelle illuminant les dernières heures du jour.

Impossible de ne pas penser à cette montagne – là depuis toujours – si distante, si indifférente au passage des peuples dans les plaines, des nègres dans les premiers âges, des Massaï avec lances, plumes, boucliers en peau de buffle, et à celui des Anglo-Saxons buveurs de whiskey, avec la bosse du commerce, celle de la vulgarité, et le goût des conversations obscènes.

30 mai. Arrivé à Mombasa à neuf heures du matin. Aucune chambre à l'hôtel. J'ai fini par trouver un endroit pour dormir sur la terrasse d'une maison arabe dans le quartier indigène, et me suis arrangé pour prendre les repas à l'hôtel Savoy – un établissement de seconde catégorie tenu par un Grec. Après déjeuner : la mer. Il est évident que seuls les Anglais peuvent transformer la plus belle partie d'un littoral en terrain de golf suburbain. Y échapper. Dévaler vers le rivage derrière un vieux fort portugais. Après tout, ils ne peuvent pas rendre la mer vulgaire et provinciale – le bruit, l'éclat de la mer, immuables – toujours les mêmes, l'éclat que vit Colomb à l'embouchure du Tage en scrutant l'horizon, le bruit qu'entendit Ulysse, luttant contre les vagues en Méditerranée, le goût salé de l'écume dans la barbe.

Au crépuscule, sur le toit d'en face, un Arabe s'est mis à pousser des cris en regardant le soleil se coucher sur l'Afrique. Cela m'a électrisé. Je ne savais pas que la maison d'en face était une mosquée et cet appel au soleil couchant m'a paru très exactement répondre à mon obsession de l'importance et de la signification presque sacrée de chaque jour. De l'endroit où je me trouvais, je voyais devant moi l'étendue blanche des toits de la vieille ville, avec çà et là un palmier émergeant de quelque cour lointaine, délicieusement ombrée. Je voyais les couleurs délicates du ciel tropical sans cesse traversé par le vol glissé des hirondelles. Et, loin au-dessus, dominant tout, la voix de ce prêtre, résonnant comme une cloche, enregistrant passionnément le passage de chaque heure sacrée.

31 mai. Suis allé le matin dans les bureaux de la compagnie[1] pour apprendre que le *Rufus Castle* ne prendra pas la mer avant le 19 juin. Ensuite, au marché aux fruits qui m'a enchanté. J'ai rarement vu spectacle si gai et si haut en couleur : Hindous, Somaliens, Swahili, gens de Goa, une foule de marchands au coude à coude. Et de jeunes Arabes, attrayants et précoces, se faufilant partout pour vendre des paniers. J'en ai acheté un et, après l'avoir rempli de toutes sortes de fruits, j'ai gagné le bord de mer. Pour rien au monde je n'aurais déjeuné à l'hôtel Savoy.

1er juin. Dans la soirée, sur le chemin du retour, un entremetteur m'a fait des propositions. Je l'ai suivi entre d'innombrables maisons indigènes. En swahili, il m'a demandé quel genre de femme je voulais : une femme swahili, ou une femme somali, ou une femme de la mission chrétienne, tout en me guidant vers des maisons pas très éloignées de ma terrasse. Il est évident que j'habite au centre du quartier des bordels de Mombasa. Nous avons frappé à chaque porte. Parfois les femmes étaient dehors et je craquais une allumette pour voir à quoi elles ressemblaient. La plupart portaient des anneaux dans le nez et des peintures sous les yeux. Elles étaient

1. L'Union Castle, compagnie de navigation britannique ayant assuré jusqu'en 1977 le transport de passagers et de marchandises entre l'Europe et l'Afrique.

rarement jolies. Les rues, les maisons, les putes dégageaient une étrange odeur d'épice, mêlée à la curieuse odeur facilement reconnaissable de chair humaine noire. Assurant au maquereau qu'il ne m'avait rien montré d'intéressant, je l'ai envoyé au diable avant de regagner mes pénates.

2 juin. Je suis à présent assis sous un arbre, loin dans les terres. Levé tôt ce matin, parti vers Freetown après avoir acheté des fruits. À partir du bac, le sentier en haut de la colline : presque un chemin rural anglais – de hautes herbes avec des plantes grimpantes en surplomb. Un soleil brûlant. Traversé un village avec des huttes indigènes et des boutiques indiennes, puis suivi une route blanche, poussiéreuse, toute droite entre des plantations de cocotiers aux couleurs vives et brillantes, bigarrées d'ombres, avant de la quitter et d'atteindre cet endroit frais où m'installer pour lire toute la journée. J'ai failli marcher sur un long serpent vert qui arrivait dans les parages et cela m'a rappelé que je pouvais mourir.

3 juin. Arrivé juste à temps pour entendre le muezzin accomplir son office. Mettre mon point d'honneur à toujours rentrer à cette heure. Je commence à aimer Mombasa – à part quelques larbins de bas étage à l'hôtel Savoy, je ne vois pas d'Européens. Je tire un plaisir particulier à me retrouver chaque après-midi à la même heure, marchant le long du rivage en contrebas de la ville, à gravir les marches taillées dans le roc et à me faufiler dans les rues étroites, au-delà du marché aux poissons, jusqu'à mes pénates. Sous les tropiques, c'est l'heure qui précède le coucher du soleil qui est toujours la plus enchantée.

4 juin. Toute la journée à l'intérieur des terres. Au retour, trouvé L... pour dîner. Sa conversation est très rafraîchissante après le bla-bla des citadins. On a parlé des choses de la campagne – de l'arrière-faix des vaches, de la gale et de la façon de soigner le piétin. Il me semble que, si j'avais regardé, j'aurais trouvé du fumier provenant de l'enclos du bétail sur ses bottes.

5 juin. Chaque matin, en me rendant au marché aux fruits pour m'acheter de quoi déjeuner, je traverse la vieille ville : sans cesse, d'anciens puits de pierre admirablement construits m'évoquent de délicieux réservoirs de fraîcheur durant les heures poussiéreuses et caniculaires de midi. Beaucoup trop d'Hindous dans les rues, pâles, les yeux fuyants, serrés dans une redingote, suivis d'enfants dégénérés, un chapeau rond en peluche rouge sur la tête. Après le repas, direction la bibliothèque publique où j'ai lu l'*Enfer* de Dante au milieu de gens venus de Goa – tous parfaitement tranquilles. Ces gens-là sont vraiment beaucoup plus cultivés que nous, les Anglais, avec nos clubs et nos parcours de golf. J'ai découvert une splendide édition de Rabelais.

6 juin. Aventuré à l'intérieur des terres, et loin sur la droite. Au-delà des carrières de pierre et des plantations d'agaves en direction de la côte pour rencontrer enfin, devant moi, la mer, immense, miroitant au soleil. Cocotiers presque jusqu'à la rive, poussant dans le sable blanc-argent de la plage. J'ai laissé mon panier de fruits sous ces arbres puis je suis sorti de l'ombre pour m'avancer jusqu'au bord de l'eau.

7 juin. Dans les terres, puis retour en longeant la rive. Il y a un Grec malade qui vit quelque part dans la maison, il me semble au second étage. Je crois qu'il a la syphilis. Si je trouve une autre terrasse, je déménagerai. Je l'ai croisé aujourd'hui sur l'un des paliers de l'escalier – qui est construit à l'extérieur de la maison. Il est affreux à voir. J'ai eu envie de l'écraser comme on écrase un cafard.

8 juin, le soir. Exploré l'île. Erré dans les innombrables sentiers minuscules bordés des deux côtés de marante cultivée[2]. Partout, de hauts cocotiers aux troncs élancés. Fatigué et en nage, j'ai frappé à la porte d'une case et demandé de la nourriture, tout comme le demande, dans un conte de fées, un voyageur perdu dans la forêt.

M'ont installé au pied d'un cocotier deux vieux indigènes qui sont vite allés chercher des noix de coco en grimpant eux-mêmes aux arbres. Remarqué pour la première fois les entailles qui, sur chaque tronc, permettent de grimper sans difficulté. Les noix de coco étaient excellentes. On m'a également apporté une gourde remplie de vin de coco, mais

2. Il s'agit de l'herbe aux flèches, *Maranta arundinacea*, une plante de la famille des Marantacées, qui a des racines en forme de flèche.

il y avait tellement de tiques sur le goulot de la gourde que cela m'a gâché le plaisir. Ils n'ont pas accepté d'argent.

J'ai trouvé l'hôtel à un peu plus d'un kilomètre, un endroit très agréable où j'ai réussi à dégotter une chambre.

9 juin. Emménagé avec toutes mes affaires dans cet hôtel. À l'extérieur, plusieurs huttes servent de chambres à coucher. J'ai choisi l'une d'elles. Des fourmis blanches ne cessent de descendre du toit recouvert de feuilles de palmier. Toujours avoir l'œil sur mes affaires.

10 juin. Me suis baigné la nuit dernière avec le mari de l'Italienne que j'ai remarquée hier.

Merveilleux endroit pour prendre un bain, et il paraît qu'il n'y a pas de requins. Nous avons nagé au large.

« Vous êtes-vous rendu compte, m'a-t-il glissé en passant, que le courant nous a entraînés loin de l'endroit où nous sommes entrés dans l'eau ? »

Pris de panique, j'ai foncé vers le rivage, riant plus tard dans ma barbe au souvenir du soulagement éprouvé en touchant de nouveau terre.

Regarder les criques boisées de l'autre rive. Rêver de les explorer toutes. Les couleurs ce matin : époustouflantes. Jamais vu de tels bleus, de tels verts – une scène aussi vivement colorée. Le rivage est couvert de crabes minuscules aux yeux semblables à des périscopes, carapace et pattes d'un rouge miraculeux, filant en vitesse se cacher dans les trous. Partout les racines des buissons de la rive sortent de l'eau comme d'innombrables stalagmites gluantes. J'ai parlé ce soir avec l'Italienne. Elle aussi a eu le mal du pays.

11 juin. Matinée : promenade avec l'Italienne dans les sentiers en lacets. Pause à l'ombre d'un manguier, le soleil se faufilant entre les larges feuilles vernies.

16 juin. Parti à Mombasa souffler l'orgue pour l'Italienne pendant qu'elle s'exerce dans la cathédrale anglaise.

Arrivé le premier, je me suis promené un moment dans l'intérieur frais. Sur les plaques commémoratives, que de noms d'homme jeunes, la plupart morts avant quarante ans ! Curieux de me retrouver dans une église après toutes ces années. Ouvert un livre de prières aux pages cornées, mais que de sentiment là-dedans ! Après avoir fini de jouer, elle a souhaité rencontrer le prêtre afin d'obtenir de lui l'autorisation de s'exercer dans cet environnement hérétique. Rendus ensemble à l'église catholique. Un cercueil noir posé devant le maître-autel m'a fait éprouver combien leur religion avait plus de réalité. Une nonne nous a conduits jusqu'à la maison du prêtre. Attendu au milieu des roses du jardin pendant qu'elle s'entretenait avec lui.

17 juin. La nuit dernière, ma malle cabine a disparu, emportée par des indigènes voleurs. Comme la nuit était belle, j'avais tiré mon lit dehors pour dormir sur le seuil de la porte, gardant heureusement sous l'oreiller passeport et note de crédit. Les canailles ont fait sauter les serrures de la malle après l'avoir traînée dans les buissons deux cents mètres plus loin, non sans avoir pris la précaution de couvrir de bouteilles le sol autour de mon lit de façon à entraver mes premiers mouvements si par hasard je me réveillais. C'est le genre de choses à vous coller les boules. Comme je pars demain, ce sont eux, dans ce cas précis, qui auront le dernier mot. J'ai en mémoire les sages maximes de G. C.[3] : « Tu ne trouveras pas de vertu sous un masque noir. » « C'est la peur qui gouverne le monde – la peur. LA PEUR. »

18 juin. Payé ma note et en route pour l'embarquement sur un navire-hôpital de l'armée. De vastes sections réservées aux passagers, certaines avec pas moins de quatre-vingt-dix places.

19 juin. Dans l'après-midi, à quatre heures et demie précises, le vapeur *Rufus Castle* a quitté le port de Kilindini. La sirène a fait trembler le bateau qui, lentement, fendait l'eau en silence. Une pluie fine tombait et il commençait à faire sombre. Il y avait des chevaux blancs au large, tout paraissait gris, menaçant, désolé et désert. Observant à l'écart la côte qui s'éloignait, je n'oubliais pas la chance que j'avais.

26 juin. Arrivé à Durban ce matin. En me promenant avec Lawrence Tooth sur le front de mer, pris conscience que

3. Il s'agit de l'honorable Galbraith Cole, le propriétaire de l'élevage de moutons que gérait Llewelyn Powys au Kenya.

je n'étais pas encore tiré d'affaire. Je n'avais encore jamais vu de telles trognes : sans la moindre trace de raffinement, de sensibilité, de distinction, de personnalité – violents, prédateurs, coloniaux, vulgaires... aucune différence, tous semblables. Pas étonnant qu'ils aient oublié les vraies valeurs de la vie et que le monde matériel soit leur seul intérêt et leur unique préoccupation. Il faudra des générations avant que ces provinciaux âpres au gain deviennent même partiellement civilisés. La disposition des chaises sur le célèbre front de mer est, s'il en était besoin, une preuve de philistinisme : rangée après rangée, elles tournent le dos à la mer.

27 juin. Au zoo avec Tooth. Jusqu'à présent, de loin le meilleur endroit. Vu un singe merveilleux. Son allure bizarre, lascive, ses couleurs d'arc-en-ciel ont rempli d'horreur Tooth qui a déclaré que, s'il en avait le pouvoir, il rayerait de telles créatures de la surface de la Terre. Moi, j'ai pris du plaisir à la regarder. Plus la Création est extravagante, plus elle est en accord avec ce brave univers fantastique. Bu du thé sur la pelouse, dehors, harmonie parfaite.

28 juin. Assis ce soir sur le pont, nous entendons soudain un concert de cornes de brume, de sirènes et de hurlements. Nous comprenons immédiatement que la paix a été signée[4].

4. Traité de Versailles entre l'Allemagne et les Alliés signé le 28 juin 1919 à l'issue de la Première Guerre mondiale.

«Je suis heureux qu'on en soit venu à bout, a dit Tooth, ils étaient vraiment une menace pour la civilisation.»

Nous sommes restés silencieux. Je n'arrivais pas à me sortir de l'esprit ces milliers et milliers de crânes en Asie, en Afrique, en Europe, les oreilles trop bouchées par l'argile de la terre pour entendre même un écho de tout cela – même si les sirènes n'avaient jamais hurlé avec une telle force.

29 juin. Par le tram aussi loin que j'ai pu, puis retour en suivant une rivière[5] qui se jette dans la mer au nord de Durban. Me suis allongé sur le sable des dunes. Suis allé regarder des baleines tout juste échouées. Les plus gros monstres qu'il m'ait été donné de voir, plus gros que les éléphants – avec une peau brillante, qui n'en finissait pas, et douce au toucher comme les algues marines.

2 juillet. Appareillé tôt de Durban. Jamais vu de paysage aussi lugubre que celui de la mer, ce soir, avant la tombée de la nuit. Ciel et mer n'étaient qu'un gris de plomb et, dans la froide désolation, un seul oiseau volait – volait comme s'il était perdu dans un océan oublié qui n'avait auparavant jamais connu même les ailes d'un oiseau pour le distraire de la triste inconscience du bourdonnement des vagues.

3 juillet. J'ai pris grand plaisir à dormir la nuit sur le pont, enveloppé dans un sac de couchage, couvert par une peau

5. La rivière Tongati, dans l'ancienne province zoulou.

de léopard, en regardant les mâts et le gréement oscillant de-ci, de-là, contre le ciel.

6 juillet. Nous avons atteint Le Cap hier soir et de nouveau levé l'ancre aujourd'hui à midi. Dîné hier soir en ville, un endroit beaucoup plus attrayant que Durban, avec des rues plus anciennes et des montagnes qui lui donnent un cachet spécial. Excellent dîner pas cher au *Grill d'Argent.*

9 juillet. Je vois beaucoup le père Plunkett – un excellent prêtre irlandais – qui combine la culture des Celtes et celle des catholiques, très admirable, plein de grâce, réconfortant comme un vieux vin rouge.

Il me parle de « désirs lubriques », de « l'âme de l'Église », de « ses offices », et m'apprend que le dernier sacrement est efficace même une heure après la mort, car l'âme, dit-on, rôde encore autour du corps avant de prendre son envol. Il occupe une couchette près de la mienne, et j'aime le voir dormir « en grâce », les petites mains de prêtre croisées sur la poitrine. Il déteste évidemment la promiscuité de la section. Il est debout et fait sa toilette longtemps avant le réveil des autres passagers, se déplaçant furtivement comme un oiseau timide, un petit grimpeur peut-être. Il a dans la poche un vieil Horace plein de taches et nous lisons beaucoup de poésie ensemble.

25 juillet. Tenerife en vue.

26 juillet. Madère à la tombée de la nuit. Les lumières à flanc de colline, impressionnantes. Le bateau est envahi par d'innombrables Portugais avec des paniers, des chaises, des colifichets.

27 juillet. Madère n'est pas un endroit agréable. Trop de touristes, trop de villas. Je préfère de loin la petite île, apparemment déserte, que nous avons dépassée cet après-midi. Une île couverte de verdure sur les hauteurs avec une baie à l'écart. De ma chaise longue, je voyais très clairement les délicates crêtes blanches des vagues sur la plage miniature.

31 juillet. Trouvé au réveil que nous étions entourés de nombreux bateaux de pêche français. Il y avait dans la fraîcheur de l'air d'été quelque chose qui m'a dit que nous étions dans les eaux revigorantes du Nord « rafraîchies par les averses et les marées plongeantes ».

La mer, immobile à l'aube de ce dernier jour de juillet. Je distinguais les silhouettes minuscules des pêcheurs s'activant sous les voiles.

2 août. Levé tôt et gagné la proue du navire, secteur des marins et des préposés aux chaudières. Me suis installé là, sur le pont, pour voir apparaître l'Angleterre. Peu à peu, une ligne indécise de nuées blanches se sépare du fond, prend forme et, quelques heures plus tard, devient le contour familier de la côte du Dorset, de la Tête de Saint-Alban à l'île de Portland. Là, entre l'ancre et le bastingage scrupuleusement blanc du navire, sur le pont chauffé par le soleil, tandis que ces simples falaises sans apprêt devenaient de plus en plus nettes, j'ai éprouvé, et je le savais, quelques-unes des plus heureuses émotions de ma vie. Le soleil était si chaud que, dans les interstices du pont, le goudron commença à se ramollir et à fondre.

Nous avons atteint Southampton à quatre heures de l'après-midi

J'étais à Montacute avant la nuit.

Que ces retours au foyer sont délicieux et indiciblement pathétiques, quand on songe que, malgré la joie frémissante de ces réunions, la mort nous suit dans nos voyages, pour nous séparer, si vite, à jamais ! Comme autrefois, un lit avait été préparé pour moi dans le jardin, mais je n'ai pas pu dormir. Comment aurais-je pu dormir ? Sous la lune d'été, la beauté du village m'a paru si palpable, si positive, si dérangeante. Après toutes ces années, être de nouveau « là où les cloches sonnent sur le chemin de l'église[6] ».

J'ai quitté mon lit et me suis promené, m'arrêtant près du vieux mur couvert de lierre qui sépare la terrasse des champs de l'abbaye – la haute tour de l'église Sainte-Catherine, les murs à meneaux de l'abbaye éclairés par la lune, le vivier, le pigeonnier du moine, le bétail se déplaçant lentement dans les pâturages trempés par la rosée – les arbres connus depuis l'enfance aux formes à peine altérées – tout était là, rien n'avait bougé, rien n'avait changé, rien n'avait été gâché.

6. William Shakespeare, *Comme il vous plaira*, II, 7, vers 113.

C'était comme si, grâce à un coup de baguette magique, il m'avait été permis de jeter un regard sur le vieux monde tel qu'on pouvait l'imaginer, quand le christianisme était pris à la lettre dans ces campagnes où, année après année, la paix régnait et où le sens de la vie, son but et ses valeurs, n'avaient pas encore été mis au rancart.

3.

Un déchet

Devant la porte d'une hutte indigène, en Afrique orientale britannique, était assis un petit garçon noir misérable. Des bras et des jambes semblables à des baguettes de bois de cèdre noirci et un corps rappelant une bûche carbonisée. Au sommet du corps, la tête oscillait comme si elle n'était pas certaine d'être bien fixée. C'était un *goigoi* – un enfant souffreteux – dans la réserve des Kikuyu.

Il avait vécu pendant huit ans dans la hutte ronde de ses parents et, d'un seul coup, venait d'apprendre qu'il devait quitter la réserve pour aller gagner des roupies dans la ferme d'un colon située cinquante kilomètres plus loin. Il devait accompagner trois autres indigènes qui retournaient au travail après une visite à la famille. Il était terrifié. Il n'avait jamais vu d'homme blanc et ne connaissait d'autre horizon que celui des herbes de la plaine. Chaque jour, pendant huit ans, il avait observé le soleil rond et jaune se lever au milieu des herbes sèches, traverser le ciel loin au-dessus de lui et se coucher de nouveau derrière les montagnes pourpres.

Dans sa tête embrumée, quitter la hutte où il avait toujours vécu lui semblait une fatale et irrévocable malédiction, imprégné qu'il était de l'odeur de fumée, de ce qu'il avait toujours vu à l'intérieur comme à l'extérieur, et même aux éraflures des bouses de vaches collées contre le mur. Il se mit en route le lendemain. Pas plus le père que la mère ne parurent affligés de se séparer de lui. Ils avaient d'autres enfants, mieux aimés. L'homme, qui parlait à des amis, a tout juste tourné la tête, ornée de peintures, pour le voir partir. La femme a continué à cuisiner. Il lui a fallu trois jours pour parvenir à destination.

Le colon chez lequel il se rendait était un homme de bonne composition. Il n'avait jamais frappé d'indigène, sinon d'une gifle sous l'empire de la colère, si bien que la vie du *goigoi* a d'abord été relativement heureuse.

Il y avait environ cinquante indigènes sur la *shamba*[1], pour la plupart très jeunes. Il apprit à cueillir du lin, passant ses journées accroupi près de la forêt à faire provision de tiges vertes parfois ornées çà et là de fleurs bleu pâle. Un jour, à la fin du troisième mois, après la distribution de maïs broyé (ce qu'on appelle *posho*), le fermier annonça qu'il allait envoyer quelques garçons chez un voisin qui avait besoin de main-d'œuvre. Le *gogoi* était l'un des cinq élus. Le nouveau maître avait mauvaise réputation chez les indigènes.

1. Mot swahili désignant une petite exploitation.

On le connaissait comme *Bwana mtiwakati* ou «le maître du poteau des condamnés au fouet». Il avait été boucher en Angleterre et ses expériences dans les abattoirs l'avaient peut-être rendu indifférent au spectacle d'yeux emplis de douleur. En tout cas, il ne cessait de manier le fouet (*kiboko*) sur de jeunes garçons étendus par terre de tout leur long, dans la maison, dans le *boma*[2], dans les champs. En Afrique orientale britannique, il est interdit par la loi de frapper un indigène. Mais cela n'a guère d'importance, car il est inimaginable qu'il aille se plaindre de mauvais traitements au commissaire du district – les indigènes sont beaucoup trop ignorants et beaucoup trop effrayés pour cela.

Un observateur tant soit peu psychologue aurait compris au premier coup d'œil combien l'ancien boucher était bien adapté à ce monde, avec ses yeux aveugles à tout sentiment et ses jambes semblables à des soliveaux enveloppés de bandes molletières kaki. Jamais malade, jamais malheureux, il ne recevrait certainement jamais de récompense méritée. Le spectacle permanent de ces corps noirs étendus se tordant de douleur remplissait le *goigoi* de terreur. Il se décida enfin à se séparer de son nouveau maître et à prendre de nouveau le chemin de la réserve. Théoriquement, c'était parfaitement possible mais, quand il s'approcha du grand maître aux bandes molletières kaki pour présenter sa démission, celui-ci lui rit au nez et le congédia d'un coup de pied. Le colon cessa de lui payer un salaire. Garder des employés

2. Parc à bestiaux.

contre leur gré était l'une de ses méthodes, sachant qu'ils hésiteraient à partir avec deux ou trois mois d'arriéré de salaire. Cependant, de désespoir, le *goigoi* finit par disparaître. Sachant qu'on le remarquerait sur la route de Kikuyu, il essaya de trouver du travail dans une autre *shamba*. Et il y réussit. Trois jours plus tard, un policier indigène fit son apparition. On voit partout dans le protectorat ces hommes au képi rouge, à la trogne noire, à l'attitude raide de boîte aux lettres, impitoyables dans l'exercice de l'autorité. Si le *goigoi* était resté silencieux, il aurait pu passer inaperçu mais, comme un lapin qui couine à la simple vue d'une hermine, il s'effondra dans l'herbe et se mit à implorer grâce.

Le policier le ramena à son maître.

« Mon mari sait comment traiter les indigènes, dit sa femme à un ami quelques jours plus tard. On a ramené hier un déserteur, il lui a passé une corde autour du cou, l'a attaché dans la laiterie et battu jusqu'à ce qu'il soit rouge partout. C'est la seule façon de faire. Il faut absolument arrêter ces escapades. Je ne pense pas que ce garçon s'y risquera de nouveau. »

Il ne s'y est pas risqué. Malgré tout, il reste un moyen de fuir pour ceux qui se retrouvent pris au piège sur cette planète isolée et lamentable. Le *goigoi* s'est mis à mourir. Il est devenu inutile à la ferme. Le corps noir lacéré n'a jamais guéri. Les mouches festoyaient sur lui.

« Ce *goigoi* va à *kufa*[3], dit le colon à sa femme. Je vais le renvoyer d'où il vient. »

Il arriva donc que cet infortuné lambeau de conscience noire se traîna sur le chemin de la première *shamba*. Dans les hauteurs du ciel, les vautours l'aperçurent – minuscule point noir – dans les étroits sentiers boueux menant aux plaines herbues – au-delà des oliviers, parcheminés, tordus, noueux –, le virent trébucher au milieu des broussailles du maquis. Le lori aux ailes rouges lui cria dessus quand il traversa la forêt. Qu'est-ce que cela peut lui faire, à ce perroquet à aigrette et au froid jabot vert, qui observe tout ce qui se passe en Afrique dans ce pays de fourrures dorées, de prunelles injectées de sang et de membres aussi furtifs que des ombres ?

Quand le garçon eut enfin atteint le terme du voyage, trop malade pour accomplir le moindre travail, il eut juste la force de ramper à l'intérieur d'une hutte et de s'y étendre, à bout de souffle. Les indigènes dirent au patron qu'il y avait un garçon malade, et le colon lui fit parvenir de la térébenthine dans un gobelet ébréché pour qu'il s'en frotte la poitrine. Le lendemain, l'état du petit malade avait tellement empiré que ses amis décidèrent de l'emmener dans la forêt pour le donner en pâture aux hyènes. Mais, une fois de plus, le *goigoi* échappa à son destin car, lorsque les pieds des jeunes hommes arrivèrent devant sa porte, il était déjà mort.

3. « Mort » en swahili. *Tutakufa sisi sote* (« Nous allons tous mourir »).

Pendant deux jours et deux nuits, il resta étendu sur la rude couche indigène au milieu de la hutte, puis il commença à se décomposer et les indigènes allèrent dire au *bwana* qu'un garçon était mort et commençait à puer « comme un porc-épic ».

Aucun d'eux ne voulut le toucher. Que fallait-il faire ? Comme il savait qu'un enterrement pourrait être considéré comme une offense, le Blanc eut l'idée que la crémation serait un moyen convenable de disposer d'un corps humain. Il mit donc le feu à la hutte. Tous les Noirs disparurent, s'évanouirent, comme s'ils désiraient n'avoir aucune part à l'affaire. De grandes flammes anéantissantes, des flammes purificatrices léchèrent les murs en bois de cèdre et les toits d'herbes sèches.

Soudain le firmament s'embrasa, les oliviers tors parurent étrangement pâles, une vache indigène bossue se mit à trotter, longue forme ayant une curieuse expression de surprise et de curiosité.

Puis, avec un bruit d'enfer, le toit s'effondra. Au milieu de la fournaise, on voyait le corps – la petite forme humaine – immobile et tranquille comme un tout jeune Abednego[4].

Le colon revint vers sa maison.

« Quelle drôle d'odeur de fumée il y a cette nuit, dit la jeune femme. On dirait qu'on brûle des déchets.

— Oui, c'est tout à fait ça », répondit le colon.

4. Daniel, 1:7 : « Le chef des eunuques leur imposa des noms : Daniel s'appellerait Baltassar, Ananias Shadrak, Misaël Meshak, et Azarias Abed Nego. »

4.

Parasites noirs

Le colon sortit de la maison, traversa la véranda et se dirigea vers la savane. Il marchait négligemment, d'un pas vulgaire, débouclant son ceinturon aux yeux de tous, en face de chez lui. Il était dans le pays depuis suffisamment longtemps pour comprendre qu'il était absurde de faire des manières pour ces choses-là. Après tout, qui allait le voir – à part quelques maudits nègres !

Il entra dans le baraquement pour jeter un œil sur les cochons. Son père avait été charcutier dans le Wiltshire, et c'était peut-être la raison pour laquelle il manifestait plus d'intérêt pour les porcs que pour n'importe quoi d'autre à la ferme.

C'était un courtaud au teint sombre, connu en Afrique orientale, dans le protectorat britannique, sous le sobriquet de « Rhino noir ». Il était affublé d'une très grande bouche, mais presque sans lèvres. Il avait jadis l'expression d'un paysan avare, mais un long séjour en Afrique lui avait conféré cette vulgarité de bas étage que l'on a fini par associer au type colonial.

Il portait un vieux casque sale, une chemise ouverte sur la poitrine, un pantalon kaki déboutonné, vaguement tenu par une large et lourde ceinture dont l'extrémité pendait toujours, car il était trop indifférent pour la glisser dans une boucle supplémentaire.

Marchant d'un pas traînant vers les baraquements, il sortit de sa poche une boîte ronde et en tira une cigarette qu'il alluma. Il avait l'habitude d'en griller cinquante par jour. Le boutiquier hindou lui vendait toutes les vieilles boîtes qu'il avait en stock. Il savait que tant que ce Blanc fumerait sans se soucier de ce qu'il fumait, il lui vendrait des cigarettes desséchées, dures et pleines de poussière. Tous les doigts de la main droite du bonhomme étaient décolorés, les deux premiers tachés de brun très sombre.

Dès qu'il eût atteint le baraquement, il appela le chef des boys, un certain Kisoi, qui sortit d'un air endormi d'une hutte indigène au fond de la cour. Faisant le tour de la porcherie, ils arrivèrent devant une énorme truie du Berkshire vautrée dans sa litière.

« Lève-toi, espèce de garce », dit le courtaud en poussant la truie du bout de son *kiboko*, car il voulait jeter un œil sur la litière.

Sur la dernière litière, il y avait trois porcelets sans mère. Le Rhino noir avait ordonné qu'ils ne fussent pas laissés sans eau pendant la nuit, ce qui n'avait manifestement pas été fait. Avec un juron, il le fit remarquer à Kisoi, qui s'excusa immédiatement en disant que ce n'était pas son affaire, mais le travail d'un autre boy de donner à boire aux cochons.

«Je vais chercher celui qui les nourrit», dit-il.

Il avait à peine fini de s'expliquer que le Blanc lui porta vicieusement un coup de fouet en plein visage. Le boy évita le coup et recula un peu, prêt à courir à tout moment ou à s'approcher de nouveau de son maître, pour peu que sa colère se fût calmée. Le colon aperçut alors l'autre indigène occupé au fond du baraquement, et se dit qu'il allait lui donner une leçon.

Marchant lentement comme s'il regardait toujours les cochons, il pénétra soudain dans la porcherie que le boy était en train de nettoyer et le saisit par le poignet. Effrayé, l'indigène demanda ce qui se passait. Sans un mot, le Rhino noir se mit à le fouetter. Le boy commença par lutter, mais la mèche flagellante du long *kiboko* qui s'enroulait autour de sa chair à vif lui fit vite entendre raison. Il fut traîné jusqu'à la dernière porcherie, où l'une des auges était encore à demi pleine de lavasse pour les porcs, et le Blanc lui plongea la tête dans cette immonde mélasse jusqu'à ce qu'il fût presque asphyxié. Il avait des membres si fluets que l'autre pouvait en faire ce qu'il voulait. Quand il eut terminé, il jeta le malheureux dans la cour.

Le Blanc retourna dans la maison. Le soleil lui tapait dessus à sa façon tropicale, métallique, comme s'il voulait détruire toute pensée, toute action, dans ce continent primitif. L'homme en était conscient à chaque pas, qui le sentait peser sur son cerveau à travers le vieux casque colonial. Il n'avait pas plu depuis des mois. L'herbe était brune et desséchée. Les trous d'eau étaient presque à sec et toutes les rivières avaient baissé.

Le Blanc rentra dans la maison. Le toit de tôles ondulées ne cessait de craquer au-dessus de sa tête. Il semblait faire plus chaud dedans que dehors. Il s'allongea sur une chaise longue dont la toile était particulièrement sale à l'endroit où il posait la tête. Il cria au boy qui s'occupait de la maison de lui apporter du whiskey mais, comme il n'avait pas de soda, il fut obligé de le diluer avec de l'eau tiède contenue dans la citerne dehors.

Il était entouré de chiens, surtout des bâtards. Chaque fois qu'il bougeait, ils remuaient la queue, et chaque fois qu'ils le faisaient, des nuages de poussière s'élevaient dans la lumière du soleil. Dans un coin de la pièce, une femelle airedale, couchée sur un sac crasseux, allaitait quatre chiots aveugles. Tous les chiens étaient couverts de tiques. Ils avaient de petites tiques rouges incrustées dans les paupières et le corps démesurément gonflé des grosses tiques bleues faisait des monticules au milieu des poils de l'échine.

Le Blanc avait un journal de Nairobi près de la chaise longue et passait le temps à lire les deux feuillets de moderne bla-bla. Tout en lisant, il ne cessait de tuer les mouches – parfois plusieurs en même temps – qui, posées sur son front, étaient trop lentes pour éviter la paume de la main. Après déjeuner, il sortit dans l'arrière-cour et cria : « *Letti bibi.* » (« Va chercher la femme. »)

Bientôt une grosse fille entra. Elle était enveloppée dans les plis d'un calicot bleu ciel avec des rayures noires couvertes de hiéroglyphes. Elle le suivit dans la chambre à coucher, où il s'allongea sur le lit et se fit enlever les bottes. Elle se mit à genoux en grimaçant, dans une position telle qu'il voyait les deux gros seins noirs. C'était une femme avenante, qui lui parlait en murmures insinuants : « *Sasa hivi.* » (« Tout de suite maintenant. ») Mais le Rhino noir s'était lassé d'elle. « Elles sont toutes les mêmes, ces maudites femmes noires », pensa-t-il. Cependant, au bout d'un moment lui parvint l'odeur de la femme, cette curieuse odeur pour certains si bizarrement irrésistible, qui réveilla ses sens émoussés. « En tout cas, ça fera passer le temps. »

C'était le soir de la paye et de la mise à jour des cartes de travail. Tirant la table vers la porte, il se mit à faire des croix sur ces bouts de papier crasseux qui, plus que n'importe quoi d'autre, sont le signe de l'intrusion de l'homme blanc en Afrique. Quand il eut terminé, il donna à chaque boy les roupies qu'il avait gagnées, gardant par sécurité environ un mois de paye par-devers lui.

La pièce était emplie de l'odeur des indigènes, l'odeur de leurs couvertures, de leurs têtes ornées de peintures et de leurs membres d'un noir de jais, et à cette odeur se mêlait celle de l'haleine du colon puant l'alcool. Le boy qu'il avait battu dans la matinée vint avec les autres. Il demanda l'argent à son maître, ainsi qu'un passe pour la réserve. Le colon refusa de lui payer ses gages, mais n'osa pas lui refuser de partir de crainte d'indisposer les autres boys et de les voir tous déguerpir. Il rédigea donc le passe: «Je vous prie de laisser passer ce boy dans la réserve kikuyu[1]». Le boy le prit et lui demanda s'il ne pouvait pas recevoir la moitié de l'argent qui lui était dû, mais, voyant le Blanc se lever, il s'enfuit dans l'obscurité.

Le colon réclama le dîner – une cuisse d'antilope, qui avait le goût et l'odeur musquée de l'endroit, la sauce servie dans l'une des tasses à thé fêlées. Le pain, fait à base de levure de pomme de terre, était lourd et pâteux, et la nappe décolorée, surtout aux endroits où l'homme posait les coudes à chaque repas. Comme il allait se mettre au lit, le boy qui s'occupait de la maison vint lui dire qu'un pâtre voulait le voir.

«Cinq moutons ont été volés.»

C'était l'histoire habituelle. Le Rhino noir fut convaincu que c'était le pâtre qui avait volé les moutons et qu'il les avait probablement vendus à quelques indigènes itinérants. Il le jeta à terre et le bourra de coups de botte à l'embout ferré. Tout le temps, le garçon ne cessa de crier qu'il savait qui étaient les voleurs et où ils campaient. Il avait croisé leurs traces une semaine plus tôt, près d'un certain trou d'eau au milieu des rochers. Si le colon voulait bien l'accompagner demain, il serait capable de l'emmener à cet endroit.

Le lendemain matin, à dix heures, le Rhino noir enfourcha sa monture. Il fallait une heure et demie de cheval pour parvenir sur les lieux où le troupeau était parqué. Avant de

1. Les Kikuyu, des cultivateurs, sont l'ethnie la plus nombreuse et aujourd'hui la plus économiquement active au Kenya.

partir, il se fourra dans la poche une paire de menottes, une chaîne de fer et un cadenas. Il avait parfois besoin de ces articles pour ce genre d'expédition.

Il traversa les plaines poussiéreuses. Il n'avait encore jamais vu la contrée aussi desséchée, même les feuilles des buissons de *lilishwa*[2] étaient complètement rabougries. Il se rappela cette vallée retirée derrière le cratère, qu'il avait eu l'intention d'incendier, et décida qu'il y mettrait le feu cet après-midi même : « Ça doit être aussi sec que de l'amadou, se dit-il, la contrée a besoin d'un bon coup de balai, l'herbe est pelée et pleine de tiques. »

À un peu plus de cinq cents mètres devant lui, il aperçut une bande de vautours qui décrivaient des cercles dans le ciel. Ils se concentraient naturellement sur un point particulier. Il continua au petit galop. Un grand nombre de vautours, à terre, entouraient un objet noir, d'autres, perchés sur les arbres voisins, observaient avec des yeux mauvais, faisant claquer leurs ailes miteuses et tendant leur cou déplumé en engloutissant les charognes qu'ils avaient déjà avalées. À mesure que le colon approchait, les oiseaux qui étaient à terre s'envolèrent l'un après l'autre. C'était un zèbre qui était l'objet du festin. Il était évident qu'il avait été tué par des lions la nuit précédente, car on voyait leurs empreintes profondément imprimées dans la poussière. Les boyaux contenus dans le ventre du zèbre étaient répandus dans toutes les directions et les tiges nues de l'herbe brûlée par

2. Non identifié.

le soleil étaient souillées et blanchies par les excréments des oiseaux. Il restait très peu de chose de l'animal. Il était toujours recouvert de sa peau rayée, soutenue par l'architecture des côtes, mais l'intérieur était vide, il ne restait plus rien. La bouche était ouverte, révélant de longues dents de cheval et suggérant de façon terrible le dernier hurlement de la bête soudain plaquée au sol dans les ténèbres.

Le soleil inhumain flambait impitoyablement sur cette scène équatoriale, la tête bizarre et forcenée du zèbre, les vautours au plumage terne, et l'étranger blanc qui arrivait à cheval. Elle était là, au-dessus de tout, cette boule de feu sphérique – l'œil même du dieu de l'Afrique – jamais lassée de prendre garde à tout ce qui advient à la surface de ce continent tragique.

Le colon éperonna les flancs du cheval blanc, qui accéléra l'allure, puis fit halte sous un cactus géant qui brandissait d'étranges mains plates, comme saisi d'horreur et de supplications. Après avoir traversé une autre plaine, il franchit un versant et s'aventura dans une contrée rude derrière laquelle se trouvait le terrain où les moutons devaient brouter. Il les aperçut enfin à flanc de colline, semblables à des fourmis, le pâtre pas plus gros qu'un point noir, assis à l'ombre d'un olivier. Il fit signe de la main, le pâtre se leva et vint vers lui. Ensemble, ils se dirigèrent vers l'endroit où le garçon pensait que les voleurs avaient campé.

Ils longèrent une rangée de collines, puis descendirent dans un ravin. Là, le colon attacha le cheval. On ne pouvait traverser à pied la contrée qui s'étendait devant eux.

C'était une vaste bande de terre semée de rochers qui traversait la vallée du Rift sur quatre-vingts kilomètres, un endroit à l'œil mauvais formé par les laves en fusion des cratères environnants. Il n'y avait que peu de sentiers en bordure, mais aucun indigène ne l'avait encore jamais traversée d'un bout à l'autre. Acres sur acres de rocs, l'endroit était demeuré tel qu'il avait été pétrifié, il y avait des milliers d'années.

Personne dans le trou d'eau quand ils l'atteignirent, seulement les traces d'un feu et quelques menus brins de laine de mouton. Le Rhino noir découvrit une oreille de mouton marquée de son chiffre.

Ils rebroussèrent chemin. Quand ils parvinrent à l'endroit où le cheval était attaché, le colon renvoya le pâtre à son troupeau et il s'engagea dans un autre sentier qu'il savait mener à la vallée où il souhaitait mettre le feu. Le sentier, qu'il avait déjà parcouru, était une coulée empruntée par le gibier. Une coulée presque sombre, plongée dans l'ombre par les arbres et les buissons, par endroits difficile d'accès pour le cheval. Il guidait sa monture qui parfois reculait en renâclant et recevait alors des coups de fouet dans le ventre. Il tomba sur le crottin tout frais d'un rhinocéros, un gros tas ayant de quoi remplir une brouette. Il aperçut des débris de feuille et d'herbe ayant transité sans presque subir de changement dans les sucs de l'estomac de l'énorme brute.

Enfin, il atteignit une clairière ouverte à l'orée de la vallée qu'il était venu incendier. Il n'avait jamais vu l'herbe si haute et si sèche. La vallée était absolument tranquille. Il avait l'habitude d'y faire paître le bétail après les grandes pluies, autrement personne, pas même les indigènes, ne venait dans ces parages. Elle faisait environ cinq kilomètres de long, sur trois de large, bordée d'un côté par le semis d'âpres rochers par où il était venu, de l'autre par un escarpement à pic s'élevant sur les flancs dénudés d'un vaste cratère qui défiait depuis toujours les flammes de n'importe quel feu de brousse.

Quelque chose semblait avoir dérangé un épervier à poitrine blanche qui traversait la vallée très haut dans les airs en poussant son cri strident et indompté.

Il était sur le point de mettre le feu aux hautes herbes lorsqu'il aperçut soudain la silhouette d'un indigène qui battait rapidement en retraite une centaine de mètres plus loin. Le boy avait à l'évidence eu l'intention d'emprunter la coulée de gibier que le colon venait de parcourir. Il avait vu le poney blanc et fait demi-tour.

Le Rhino se rappela immédiatement les voleurs de moutons et, en un instant, sauta en selle et se lança aux trousses de la silhouette qui s'enfuyait. Le nègre portait quelque chose sur le dos. *C'était un mouton.*

Il y avait également un sentier à l'autre bout de la vallée, une coulée pierreuse qui serpentait en s'élevant sur le flanc abrupt de l'escarpement. Si le boy arrivait à l'atteindre, il serait sauvé. Abandonnant son fardeau, il se mit à courir. Il y était presque et serait arrivé à temps si, comme il arrive souvent aux indigènes quand ils sont poursuivis, il perdit la tête, trébucha et tomba face contre terre. Quelques instants plus tard, il avait le cheval à hauteur et le Rhino sur le dos.

C'était le boy des porcheries qui, pour se venger d'avoir été battu, avait réussi à voler un agneau et pensé pouvoir s'éclipser avec ce butin par cette sente infréquentée. Dès qu'il sentit la main du Rhino sur lui, il laissa échapper quelques hurlements plaintifs et un jet d'urine lui jaillit entre les jambes. L'Anglais lui fredonna entre les dents : « Comme ça, tu voulais me voler des moutons. Tu pensais t'en tirer en jouant les filles de l'air, et ni vu ni connu. *Chacula m'suri sana.* Très bonne bouffe, hein. » L'indigène gémissait toujours.

Une idée traversa le cerveau embrumé du colon. L'œil de braise dans les cieux devait la lui avoir fourrée dans la tête. C'était vraiment une chouette idée et tout à fait *dans la manière africaine.*

Il mena la victime à plus d'un kilomètre, dans un endroit où l'herbe et les broussailles étaient particulièrement denses. Il lui passa les bracelets aux chevilles et l'enchaîna à un olivier tors. Puis il revint vers la coulée et, juste avant de l'atteindre, s'agenouilla et fit quelque chose à l'herbe.

Il lui fallut vingt minutes pour atteindre le sommet de l'escarpement qui dominait le val. À ce moment-là, le ciel tout entier était assombri et une rangée de flammes de deux mètres de haut traversait la vallée illuminée d'une façon singulièrement écliptique, peut-être sous l'effet du volume de fumée roulant dans les hauteurs. La moitié était déjà noire, mais au centre de la partie qui n'avait pas encore brûlé, on apercevait très nettement, dans un éclairage de cauchemar, un tout petit objet noir qui sautillait à pieds joints. Le rugissement des flammes qui approchaient était terrifiant même au sommet de l'escarpement. Le Rhino noir n'entendait rien que le tumulte de l'incendie. En un quart d'heure, la vallée tout entière ne fut plus qu'une étendue de terre noire avec çà et là une touffe d'herbe fumante. Quelques faucons planaient au-dessus de la désolation, à la recherche de rats, de souris et de serpents, autrement il n'y avait aucun mouvement visible.

En atteignant sa maison, le Rhino noir aperçut une mule inconnue attachée près de la porte.

Elle appartenait à un ami venu de loin lui rendre visite. Les deux hommes se serrèrent la main.

« Entre boire un coup, dit le colon.

— Volontiers, répondit l'autre. Je me suis dit en arrivant que ton maudit domaine avait cramé. Il y a eu un feu de brousse près du cratère, non ?

— Oui. Le pays est pollué et j'essaie de le purger.

— Beaucoup de tiques par ici ?

— Oui.

— Quel genre ?

— Oh, comme d'habitude. Des rouges, des bleues, et des *noires.* »

5.

Comment c'est arrivé

On était à la mi-juin, le dernier jour de Gerald Littlemore chez les siens. Il embarquait le lendemain pour l'Afrique orientale britannique. Il avait dix-neuf ans et venait juste de quitter l'école. Désirant gagner de l'argent rapidement, il avait choisi ce protectorat particulier car il entendait sans cesse parler de gens ayant fait fortune là-bas, avec des plantations de café ou d'agaves, ou avec une entreprise quelconque. C'était un garçon délicieux, intelligent et sensible, que tout le monde adorait. Amoureux de Clare Heneage – la fille d'un clergyman du voisinage –, il voulait acquérir suffisamment de biens pour pouvoir l'épouser. Le squire Littlemore n'approuvait pas du tout le départ de son fils pour l'Afrique. Il préférait le Canada et nourrissait un fort préjugé contre ce pays de nouveaux riches dont personne n'avait jamais entendu parler et qui était peuplé de Noirs.

C'était un été merveilleux. Les routes de campagne étaient couvertes de fine poussière blanche, les pelouses fraîches et douces sous le pied, les champs colonisés par les boutons d'or, et chaque haie, fossé, bosquet, chaque berge voyaient s'ouvrir des fleurs nouvelles, des feuilles nouvelles, des frondes nouvelles. Dans l'après-midi, à cinq heures et demie, le garçon allait dire au revoir à Clare Heneage. Ils avaient rendez-vous sous le saule, à l'échalier du chemin de Mars.

D'ennuyeux visiteurs passèrent dans l'après-midi, et il pensa que le thé, pris dans la vieille serre d'été, n'allait jamais finir. Une femme à l'esprit et au visage étroits raconta que l'un de ses neveux se tirait formidablement d'affaire près de Johannesburg, et son mari – un colonel anglo-hindou – parla de la Méditerranée et de la mer Rouge comme si ces eaux avaient vraiment imprimé leur marque sur son imagination, alors qu'en réalité il n'avait pour ainsi dire jamais quitté, à l'aller comme au retour, les fumoirs qui l'avaient transporté jusqu'à Bombay.

Gerald détesta la femme à l'esprit mesquin, conventionnel, et aux idées de classe moyenne, et s'ennuya à mourir avec l'homme aux poils blancs et à la moustache tombante si exactement conforme à l'orthodoxie.

Entre l'un des piliers de pierre et le bonnet de la femme, il voyait une minuscule vignette du paysage qui lui était si familier. Des frondaisons avec un sentier et une barrière blanche et, dans le lointain, les collines de Corton et le camp de Cadbury[1], immobiles, comme frappés d'un sortilège dans la brume légère de cet après-midi de mi-été.

À mesure que les minutes passaient, le bavardage sans intérêt devint de plus en plus insupportable et, au risque d'apparaître grossier, il trouva une excuse pour s'échapper. Il savait qu'il était trop tôt, mais il se rendit à l'échalier et attendit. Elle apparut enfin. Il la vit de loin, dans sa plus jolie robe, celle qu'il préférait, faite d'une étoffe légère qui avait la couleur du chèvrefeuille. Il l'observa approcher. Comme il aimait ce pas rapide et réservé ! Même de loin, la beauté de sa personne s'imprimait en lui comme les entrelacs précis d'un champ de foin non coupé. Tout ce qui était rare, évasif et impalpable dans la vie lui paraissait s'exprimer corps et âme en elle. Il s'avança à sa rencontre et ils s'éloignèrent vers le sous-bois aux baisers.

Ils traversèrent un champ non moissonné, rouge d'oseille. L'amour pour eux était une chose étrangement douce, qu'ils redoutaient presque. La simple pensée de ce mystérieux et beau corps de fille si proche le faisait trembler. Ils atteignirent enfin le bois et s'engagèrent dans un sentier couvert de digitales et de lychnis nielles. Il trouva pour elle un lit de fougères, et ils s'y allongèrent, et s'embrassèrent et jouèrent ensemble : elle le couronna de fleurs et il lui enfila une corolle de digitale au bout de chaque doigt délicat. Elle avait pour lui une haleine aussi douce que celle d'un pâturage, et lui pour elle un souffle aussi frais que les embruns.

1. Fortifications datant de l'âge de fer dans le Somerset.

Ils s'étreignaient en tremblant et auraient donné leur âme pour ne jamais être séparés. La pensée de la séparation les remplissait d'angoisse[2]. C'était sûrement fatal à un amour nouveau. Ils revinrent enfin et se dirent au revoir dans le grand verger au fond du jardin. Ils avaient fait ce choix, car il détestait l'idée de la voir pour la dernière fois en présence d'autres gens. Le soleil du soir se glissait à l'oblique entre les vieux troncs gris. Ils étaient « à la maison », un pommier qu'ils avaient ainsi nommé à l'enfance car il était celui où il était le plus facile de grimper[3]. Quand elle l'eut quitté, il l'observa longtemps s'éloigner au milieu des hautes tiges de cerfeuil sauvage. Elle parvint à la terrasse, y resta un moment en lui faisant signe de la main près du parterre de grands coquelicots rouges, puis tourna les talons et disparut en courant derrière la silhouette sombre de l'if.

Le long voyage touchait presque à sa fin, et le train de l'Ouganda approchait en se traînant bruyamment de la gare où Littlemore allait descendre. Il était vingt-deux heures. Il n'y avait dans ce wagon qu'un autre voyageur qui avait déjà grimpé dans sa couchette. La lune était

2. Cette scène amoureuse sur un lit de fougères est le modèle de celle décrite dans *L'Amour, la Mort* (*Love and Death*) avec l'héroïne de cette « autobiographie imaginaire », Dittany Stone, qui a en partie les traits de Marion Linton, premier amour et cousine de Llewelyn Powys, en partie ceux de la poétesse américaine Gamel Woolsey, dernier amour de ce Powys disciple d'Épicure et d'Aristippe de Cyrène.
3. Llewelyn, son frère Bertie et sa sœur Marian (May) s'étaient à l'enfance fabriqué une « maison », qui était leur domaine et qu'ils avaient appelé le *Mabelulu* (May-Bertie-Lulu).

pleine et la savane dehors semblait n'être qu'une vaste étendue sinistre, comme le paysage d'une planète morte. Le train contournait une grande plaine au fond de laquelle on apercevait les contours déchiquetés de hautes collines. Distinguant un feu de camp qui faisait de l'œil en contrebas, il se demanda pourquoi il était là et qui était assis autour. Le train s'arrêta. *ELMENTEITA* – il aperçut le mot bizarre imprimé en grosses lettres sur fond blanc. C'était la gare où il devait descendre. Un Anglais vêtu de kaki était sur le quai, l'un des surveillants de l'exploitation envoyé à la rencontre de Littlemore. Ils se serrèrent la main. C'était un homme de haute taille aux lèvres épaisses et au visage plat sans couleur. N'eût été son *kiboko* et ses bottes à revers, il ressemblait à un épicier. Il se présenta sous le nom de Tompkins, qui lui allait comme un gant.

Ils attendirent que le chef de gare hindou fît le tri du courrier. Assis dans la petite pièce, Tompkins se mit à fumer une cigarette contenue dans l'habituelle boîte ronde qu'il extirpa du fond de sa poche et en offrit une à Littlemore.

« Comment vont les choses chez nous ? » demanda-t-il.

Littlemore trouva difficile d'associer ce « chez nous » à cet individu au visage blême, mais il réussit à dire quelque chose. Cependant, un vague sentiment de déprime l'avait envahi. Pour la première fois de sa vie, il était entré en contact avec l'atmosphère particulière, vulgaire et banale, que les Anglo-Saxons créent partout hors de l'Angleterre. Tompkins se tourna nonchalamment vers le petit comptoir, se mit à siffler et à crier au *babu*[4] de se dépêcher, se comportant de façon aussi brutale que grossière envers cet inoffensif rond-de-cuir. L'Hindou fit semblant de ne rien remarquer.

«Je me dépêche, monsieur Tompkins, je me dépêche, beaucoup de travail aujourd'hui, extrêmement beaucoup.»

Ses subordonnés, des jeunes gens maigres à l'allure dégénérée, restèrent à l'arrière-plan à ricaner. Ils aimaient voir le chef de gare asticoté par l'homme blanc.

La pièce était étouffante et avait une odeur particulière – une odeur particulière aux Hindous que Littlemore apprit à reconnaître plus tard, très différente de l'arôme musqué qui se dégage des habitations des indigènes d'Afrique. Prenant enfin le courrier, les deux Blancs sautèrent dans un *gharri*[5] tiré par une mule, qu'un boy avait surveillé dehors. Ils atteignirent bientôt l'exploitation rurale. McFarlen, l'administrateur, les avait attendus, curieux de voir le nouvel arrivant au sujet duquel il avait reçu plusieurs lettres du siège londonien. Des recommandations de ce genre l'avaient toujours impressionné et il se montra sous son meilleur jour, plein d'insinuations sur le whiskey et les femmes. Il respirait presque la même vulgarité que Tompkins et faisait sans cesse allusion à la colonie en l'appelant A. O. B[6]. Ayant espéré se retrouver au milieu d'hommes rudes, mal dégrossis, Littlemore fut grandement déçu par ces gens qui ressemblaient à de modernes

4. Appellation honorifique des bureaucrates hindous durant la domination anglaise.
5. Voiture utilisée en Inde et en Égypte.
6. Afrique orientale britannique. En anglais, B. E. A (*British East Africa*).

voyageurs de commerce de seconde zone. On lui montra bientôt sa chambre, environ cent mètres plus loin dans un long baraquement au toit de tôle ondulée que l'on appelait « le mess ». Il y avait presque une demi-douzaine d'hommes blancs sur l'exploitation, qui avaient chacun une chambre dans ce bâtiment. Le salon, commun à tous, se trouvait à une extrémité du baraquement et c'était là qu'ils se réunissaient pour les repas et jouaient aux cartes le soir.

Une fois seul, Littlemore se mit à défaire sa valise et à ranger ses affaires. Pas loin, il entendait un gramophone. Le son discordant lui crevait les tympans, évoquant irrésistiblement l'image comique de la cigale en robe du soir fripée dont la voix nasillarde avait été immortalisée. Puis il entendit des gens dans la véranda et un homme entra dans la chambre voisine. Il l'entendit se déshabiller, enlever ses lourdes bottes et se mettre à siffloter. Au bout d'un moment, il ouvrit la porte et appela quelqu'un dehors, il y eut immédiatement un petit bruit de pieds nus, puis de nouveau le silence.

Le lendemain, il les rencontra tous au petit-déjeuner et les détesta. Assis là, en chemise kaki, ils rendaient le continent tout entier bon marché et vulgaire. En dépit du soleil qui brillait joyeusement dehors, la pièce avait une apparence déprimante. Les murs étaient ornés de cornes poussiéreuses et de peaux de lynx rongées aux mites. Les hommes mangeaient du porridge mal cuit dans des assiettes en émail, et la nappe était pleine de taches à l'endroit où ils posaient le coude. Des mouches rôdaient partout, se posant ici et là, mais surtout sur le lait quand l'occasion se présentait. Tompkins déclara qu'il ne sortirait pas de la journée et, saisissant un magazine vieux de plusieurs mois, se laissa tomber dans une chaise longue.

« Si vous voyez McFuttler, dites-lui que je suis allé dans le dernier parc à moutons », lança-t-il à la cantonade au moment où les autres passaient sous les acacias en direction des parcs à moutons.

Les indigènes plongeaient les moutons dans le bain et, quand ils arrivaient, les Blancs s'asseyaient sur une barrière pour les regarder faire. Bientôt, un boy cria que le *bwana* approchait. Immédiatement, les hommes firent entrer un second troupeau dans les enclos et Littlemore, s'emparant d'une ventouse, entreprit de plonger sous l'eau la tête des brebis. Il ne mit pas longtemps à comprendre que les choses se passaient toujours de cette façon : un semblant de travail, mais en réalité rien d'autre que du laisser-aller. Une vache était malade, un indigène mesurait les sels et administrait la dose, un troupeau devait être trié, un indigène en était responsable. Personne ne s'en souciait. Après tout, le cheptel appartenait à un groupe de spéculateurs londoniens.

Ce que préféraient ces jeunes hommes aux jambes nues, c'était le tir. Ils passaient leur temps dans les plaines à vider chargeur sur chargeur à tire-larigot sur n'importe quoi. Un matin, Littlemore les accompagna et vit au moins une demi-douzaine d'infortunées gazelles se traîner, les membres brisés ou les entrailles à l'air.

« J'ai dégommé cette p... » disaient-ils en entendant la balle à bec doux pénétrer dans le corps de l'animal. Le soir, ils jouaient aux cartes et buvaient, et Littlemore ne fut pas long à découvrir qu'ils avaient chacun deux ou trois femmes noires. Ils se moquaient de lui, qui avait de si chastes habitudes, et les indigènes le soupçonnaient secrètement d'impuissance. Étant très jeune, l'attitude générale déteignit sur lui.

Jour après jour, un soleil palpable lui tapait sur la tête et tapait sur la région – un soleil terrible, pénétrant, tropical, rendant impossible toute pensée ou toute action suivie. Chaque nuit, il entendait le craquement des lits de tous les côtés. En mars de l'année suivante, il remarqua une jeune Nandi[7]. Elle venait jusqu'aux *shambas*[8] avec une troupe d'autres femmes afin de ramasser une certaine herbe très prisée comme légume. Il surveillait l'entretien de cette bande de sol. Les femmes étaient enveloppées dans les plis d'un calicot de couleur et, en passant, chacune ondulait voluptueusement des hanches afin d'attirer l'attention du Blanc et, si possible, de l'exciter. Elles aimaient faire des galanteries avec les Européens. Cela rehaussait leur valeur aux yeux du mari et des autres indigènes, et leur permettait incidemment de gagner un peu d'argent. Wamboy, la jeune Nandi, fermait ordinairement la marche. Elle possédait une silhouette souple et fine, et lui jetait des regards provocants et moqueurs. L'empreinte de ses pieds nus dans la poussière était très légère, pas lourde et grossière comme c'est le cas chez la plupart des femmes indigènes. Un jour, tandis que

7. Les Nandi sont une population d'Afrique de l'Est appartenant à l'ethnie kalenjin établie au Kenya dans la région de la vallée du Grand Rift.
8. Aire de sol cultivée.

ses yeux rieurs le regardaient en dansant, elle avança les lèvres comme pour un baiser. Heure après heure, le soleil brûlant ne le lâcha pas un instant, et il fut incapable de se sortir la fille de la tête.

De voluptueuses images occupaient ses pensées. Chaque jour, maintenant, il guettait son passage, tout en prenant soin de ne pas le montrer à ses compagnons. Parfois, quand elle portait de l'eau – une cruche sur la tête et les bras levés –, il se hâtait pour la croiser sur le chemin de la rivière. Elle l'arrêta en une occasion pour lui dire que son mari, Goaty, était malade et avait besoin de médicaments. Il dit qu'il lui en apporterait et, plus tard, se dirigea vers la hutte. La porte fut ouverte par la jeune femme. Il se pencha et entra. Un feu se mourait au centre de l'habitation. Le lit du mari était dans une pièce à part. La femme le guida dans cet endroit sombre semblable à une grotte. Il se sentit le souffle court, il n'avait jamais été si près d'elle. Il fit tout un plat de la maladie de l'homme, mais, tout le temps, ne se soucia que de la femme près de lui. Il lui toucha la cuisse comme par accident, et elle ne l'éloigna pas. Le lendemain, il rendit de nouveau visite à Goaty. Il était onze heures, le soleil brillait haut dans le ciel. Cette fois, Wamboy était allongée sur l'herbe, dehors. Elle était sur le dos, les bras derrière la tête, et le jeune homme qui la regardait la trouva plus désirable que n'importe quoi au monde. Elle avait les seins nus, ronds et fermes, virginaux. Une passion dévorante à laquelle il ne put résister s'empara de lui. Il parla au mari et lui donna quinze roupies. Il fut convenu que la femme viendrait dans sa chambre à minuit. Tout l'après-midi, il ne put penser à rien d'autre. Les heures passèrent en se traînant. Il se mit au lit tôt et attendit. Effroyablement excité, il prépara la chambre avec grand soin. Il n'éteignit pas la lumière. « Si quelqu'un la voit, se dit-il, il pensera que je suis en train de lire au lit. » Il l'entendit enfin et la porte s'ouvrit lentement. Elle resta avec lui une heure.

Trois semaines plus tard, les premiers symptômes du mal apparurent. Il n'alla pas voir le docteur. Il ne pouvait pas croire qu'il était vraiment malade. Espérant s'être trompé, il ne dit rien. Après plusieurs mois il eut les lèvres couvertes de minuscules plaies à intérieur de la bouche, la gorge ulcérée et l'haleine fétide. Il demanda une permission et se rendit à Nairobi. Il avait entendu parler d'un médecin irlandais et décidé de se rendre à la consultation. C'était un homme bon, qui avait un cœur d'or.

« Monsieur Littlemore, dit-il après l'avoir examiné, je suis désolé de vous dire que vous avez contracté la syphilis, qui a envahi tout votre système et sera très difficile à éradiquer. Ce pays est le pays du diable et cette maladie est partout. C'est nous, les Européens, qui l'avons introduite et elle s'est répandue comme une traînée de poudre. Je vous donnerai une dose de 606[9] cet après-midi si vous revenez à cinq heures, mais je ne pense pas que je pourrais vous soigner. Elle est

9. L'arsphénamine, plus connue sous le nom de Salvarsan ou de 606, était utilisée dans la première moitié du XXe siècle comme traitement contre la syphilis et la trypanosomiase.

très tenace, vous savez, une fois qu'elle a mis le grappin sur un corps. Vous me suivez, monsieur Littlemore, vous me suivez bien ? »

Littlemore s'en alla. Il avait suivi les paroles du docteur en les prenant presque à la lettre. Le maudit soleil tapait sur la route gouvernementale. Un colon à chapeau de brousse à double protection et à bandes molletières passa. Il avait des traits grossiers, sans âme, un visage de brute. Il était suivi de deux femmes aux traits anguleux, vêtues comme des actrices, et derrière eux traînaient quatre indigènes corrompus et avilis.

Littlemore revint en pensée à son foyer en Angleterre et, de retour à l'hôtel, dans un accès de désespoir, se tira une balle dans la tête. Le docteur et Tompkins assistèrent aux funérailles. Le bon docteur était triste.

« Je préférerais envoyer mon fils à Babylone plutôt que dans ce pays », dit-il.

Le soir même, Tompkins était de retour à Elmenteita.

« Cela prouve tout simplement qu'il faut être très prudent, remarqua-t-il. Si seulement il m'en avait parlé, j'aurais pu lui trouver une *bibi* saine. Je sais toujours s'il y a une femme malade. »

Ils remontèrent le gramophone et la fantastique voix humaine se mit à hurler les notes nasillardes jusqu'à rendre presque inaudibles les bruissements et le murmure de la nuit africaine. Une heure plus tard, les bruits habituels se firent entendre dans chacune des cinq chambres. Mais personne ne les écoutait dans la sixième chambre. Elle était vide.

6.

Un léopard près du lac Elmenteita

Quand les étoiles projetèrent leurs lances
Et inondèrent les cieux de larmes
A-t-Il souri en voyant Son œuvre ?
S'Il a fait l'agneau, est-ce Lui qui t'a fait ?[1]

Y a-t-il un animal plus étonnant, plus stupéfiant, qu'un léopard ? Avec quelle terrible précision ses membres dorés ont été conçus pour donner la mort et sa beauté furtive et perfide symbolise à merveille l'âme de l'étrange continent qu'il habite !

« *Bwana, bwana, chui n'kwesha pigga m'toto gombi !* »

« Maître, maître, un léopard a tué un agneau ! » Je me rappelle parfaitement le matin où, sortant de ma hutte des hauts plateaux en Afrique orientale britannique, j'ai entendu ces mots venant du côté des parcs à bestiaux. Je n'étais dans le pays que depuis quelques semaines et c'était la première fois qu'un léopard attaquait ouvertement l'exploitation.

1. William Blake, « The Tyger », in *Songs of Experience*, 1794.

J'avais souvent entendu crier des léopards dans les environs. Mon habitation était située en bordure d'une grande forêt et, presque chaque nuit, j'écoutais, avec crainte et stupéfaction, leurs grognements rauques qui se répercutaient entre les troncs des arbres semblables à des piliers blancs. Une fois passés ces cris rauques, tout restait silencieux, même les damans des arbres[2] aux petits yeux clignotants demeuraient muets, attendant que la menace disparût de l'obscurité ambiante. À pas de velours, ces grands chats se glissaient sur le sol de la forêt au milieu des fougères[3] et des pierres moussues éclairées par la lune, mais, jusqu'à ce soir-là, aucun d'eux ne s'était approché des bâtiments de la ferme donnant directement sur la savane.

Au baraquement, on me montra l'endroit où le léopard s'était glissé entre deux gros rondins de cèdre. Comme il avait plu pendant la nuit, je réussis, avec l'aide de deux indigènes, à suivre la piste sur une distance considérable, jusqu'au moment où l'herbe devint trop dense pour que l'on pût trouver des traces. J'en conclus qu'il était parti pour de bon et revins à la ferme.

À midi, cependant, un berger massaï[4] vint me dire qu'il avait découvert le cadavre à moitié dévoré d'un agneau près

2. Le daman des arbres (*Dendrohyrax arboreus*) est un mammifère arboricole de la famille des Procavidés, ressemblant très vaguement à un rat, et vivant dans la forêt équatoriale.
3. *Maidenhair fern*: probablement l'adiante à feuilles menues ou adiante cheveux-de-Vénus.
4. Les Massaï, vêtus de rouge, sont traditionnellement des éleveurs menant librement leurs troupeaux à travers les hauteurs du Kenya et de l'Ouganda.

de la rive du lac Elmenteita. Il me conduisit sur place et, à l'ombre d'une haute falaise en surplomb au-dessus de l'eau, je trouvai l'animal massacré. Comme les agapes n'avaient pas encore eu lieu, il était probable que le léopard reviendrait festoyer dès que la nuit tomberait. Je pris donc la décision de l'attendre.

La fin de l'après-midi me trouva en train de crapahuter dans les rochers de l'escarpement à la recherche d'un bon observatoire où passer la nuit. Je finis par trouver ce que je voulais, une corniche plate, inaccessible, à une quarantaine de mètres de l'endroit où gisait l'agneau. La lune, je le savais, était presque pleine et, si le ciel restait clair, il y avait de fortes chances que je prisse ma revanche. Je collai un minuscule bout de papier blanc sur la mire de mon fusil de façon à la rendre visible même par faible lumière.

C'était un endroit isolé, inquiétant, que cette corniche et, tandis que j'observais, assis, le soleil lentement décliner vers la crête de la montagne au-delà de la vallée du Rift, je pris conscience d'une chose étrange. Comme si, à cette heure enchantée, toute l'Afrique subissait une curieuse influence, comme si, sur le qui-vive, elle retenait son souffle en attendant que la moitié du globe terrestre se tournât de nouveau vers l'obscurité pailletée de l'espace ultime. Des bruits qui ne m'étaient pas familiers s'élevaient de l'eau devant moi, et je mis plusieurs minutes avant d'en comprendre l'origine. Lentement, sûrement, de tous les coins du lac, les monstrueux amphibiens se dirigeaient vers la rive. J'aperçus bientôt des têtes d'hippopotames émergeant à la surface, tantôt ici, tantôt là, fabuleux troupeau qui flânait en bâillant, attendant avec impatience la tombée de la nuit pour sortir de l'eau et brouter l'herbe nouvellement trempée de rosée des pâturages de minuit. Le soleil se coucha enfin et, de l'endroit où j'étais accroupi, j'observai ces énormes silhouettes inoubliables qui glissaient et pataugeaient dans les roseaux de la rive du lac où l'écume argentée clapotait contre la grève.

À la tombée de la nuit, l'air tout entier se mit à vibrer, à frissonner, à palpiter. D'innombrables petites gorges écailleuses s'éleva un chant de louanges au Créateur du monde. Les notes haut perchées de ce fantastique chorus faisaient vibrer mes tympans. De temps à autre, loin au-dessus de ma tête, retentissait le cri étrange et romantique de quelque gibier d'eau volant en solitaire dans la nuit. J'attendais, j'attendais. Un air humide, invisible et glaçant, s'éleva du lac. Il y avait en lui l'odeur des milliers d'années jamais prises en compte qui avaient calmement défilé en procession au-dessus de ces eaux retirées, tandis que, siècle après siècle, les arbres s'étaient épanouis puis avaient pourri sur les berges, tandis que, siècle après siècle, les os de fabuleuses bêtes équatoriales s'accumulaient dans les boues vaseuses du lac. Il y avait en lui l'odeur des pythons d'eau[5], d'incroyables crustacés, et les pontes fécondes des insectes.

Soudain, haute et claire, brisant le silence de cette grande étendue d'eau éclairée par la lune, jusqu'à faire trembler chaque iris et chaque roseau, s'éleva la note rauque

5. Peut-être *Liasis fuscus,* que l'on trouve en Nouvelle-Guinée.

d'un léopard affamé. Et il n'y eut pas que les roseaux qui tremblèrent car, à peine le premier écho éteint, tel un taudis en ville soudainement tiré du sommeil, une clameur assourdissante s'éleva vers les étoiles. Les babouins nichés dans les roseaux au milieu desquels j'étais accroupi l'avaient entendue. Tournant la tête, je les voyais grimper de plus en plus haut dans la faible lumière, s'accrochant avec de fortes mains noires aux corniches rocheuses, ou se serrant l'un contre l'autre, membre velu contre membre velu, dans les profondes fissures de la falaise.

Je compris alors pour la première fois combien l'imagination barbare de ces singes hideux était hantée, la nuit, par la peur panique de ce fourbe et subtil ennemi qui, jaillissant soudain de l'obscurité, leur sautait dessus et leur arrachait les yeux ! Peu à peu, les grognements du léopard se rapprochèrent. J'avais le doigt sur la gâchette. Je me doutais que l'animal allait emprunter une étroite coulée entre les amas de rocs au pied de l'escarpement. Tout était à présent de nouveau silencieux. Pas un frôlement, pas le moindre craquement de brindille pour signaler l'approche du félin ou rompre le silence ensorcelé de cet étonnant silence nocturne en suspens sur l'étendue liquide au clair de lune.

Tel une immense étendue de glace polaire, le lac tropical était immuable et silencieux et, des profondeurs obscures de la forêt, sur la gauche, aucun bruit ne s'élevait. Qu'était-il arrivé aux babouins ? Je me le demandais. Leur cerveau frivole était-il de nouveau plongé dans une brume nerveuse, ou leurs yeux étroits, depuis toujours grands ouverts au-dessus d'un museau grotesque, scrutaient-ils avec une abjecte vivacité l'approche de l'ennemi ?

Soudain, le léopard, avec la sinueuse vivacité d'un serpent, traversa un espace ouvert. Il y avait quelque chose de terrifiant et de fantomatique dans le silence absolu de ses mouvements. Je l'observai un moment. Délicatement, par petits morceaux, il se mit à grignoter la carcasse, tournant autour de la charogne mutilée en faisant le dégoûté. J'appuyai enfin sur la gâchette. Il était évident que je l'avais manqué, car j'avais beau écarquiller les yeux dans la lumière incertaine, je ne voyais rien. C'était comme si, à l'instant du coup de feu, un léopard fantôme s'était évanoui dans les airs.

Lentement, le temps passa, tandis que j'attendais l'aube. Aux petites heures de la matinée, je sombrai dans le sommeil. Au réveil, il était déjà six heures passées et les premiers rayons du grand soleil équatorial inondaient l'Afrique. Engourdi et transi, je me levai pour jeter un coup d'œil aux alentours. Des lances de lumière dorée tombaient à l'oblique sur les rocs basaltiques, sur les flamants dans les hauts-fonds et sur le cadavre miraculeusement tacheté d'un léopard qui, étendu de tout son long dans sa bizarre beauté, gisait au bord de ces lointaines eaux mystérieuses que les indigènes appellent Elmenteita.

7.

Une charogne en Afrique

Le soleil, exactement à la verticale, tapait sur le paysage desséché de l'Afrique.

Avec un ami, je traversais à cheval la plaine de Lol-Dureto au pied des monts Eburu.

À une centaine de mètres, deux zèbres, un mâle et une femelle, jouaient ensemble. Le mâle ne cessait de trotter autour de la femelle en hennissant. Avec leur encolure épaisse, leurs flancs rayés, ils paraissaient être des manifestations typiques de l'Afrique, têtus, légendaires, libidineux.

« Regarde ces deux maudits zèbres, ai-je dit à mon ami, je parie une roupie que j'envoie une balle dans les boyaux de l'un des deux. »

Mettant pied à terre, je saisis mon fusil et visai longuement. Quelques instants plus tard, la jument était à terre, ruant des pattes dans la poussière et l'herbe sèche. Au bruit du coup de feu, l'étalon avait arrêté net ses gambades et filé au galop. Mais il n'est pas allé très loin. S'arrêtant bientôt, il s'est tourné vers nous. Une fois remis en selle, nous sommes repartis, mais je l'ai vu lentement revenir en trottant vers la femelle à présent complètement immobile et couchée sur le flanc.

« Tu es devenu un fameux tireur, a dit mon ami.

— Oui, ce n'était pas mal. »

Nous avons continué à chevaucher de conserve mais, pour une raison ou une autre, je me sentais ce jour-là les nerfs à vif et j'étais troublé par ce qui était arrivé. Il me semblait impardonnable d'avoir si négligemment ôté la vie à ce zèbre, sans aucune raison. Loin au-dessus de nous, le soleil équatorial flambait comme une fournaise. Je savais que pour l'œil de Gorgone impitoyable de l'Afrique, beaucoup trop habitué à la cruauté de la griffe et du croc, je n'avais pas mal agi. Le lendemain, dans la vallée du Nagum, occupé pendant des heures à administrer des doses de sulfate de cuivre et de moutarde à de jeunes agneaux, j'avais totalement oublié l'incident de la veille et, même si je m'en étais souvenu, il n'y avait pas de quoi faire de sentiment sur la mort d'un zèbre tué d'un coup de fusil, alors que tant de moutons attendaient d'être soignés dans la chaleur et la poussière du *boma*. Je leur ai administré les doses jusqu'à être trop fatigué pour pouvoir parler, leur introduisant le goulot de la bouteille de Worcester-sauce au coin de la bouche et la maintenant tant qu'ils n'avaient pas ingurgité la dose de liquide appropriée.

Cette tâche achevée, je suis remonté en selle pour rentrer et, sans aucune raison particulière, j'ai choisi le chemin de la vallée de Lol-Dureto. Je m'imaginai peut-être qu'il était plus court. J'étais fatigué et le cheval l'était aussi, oppressé par la chaleur tardive de l'après-midi africain.

À moitié somnolent, je notai dans mon subconscient que de nombreux vautours tournaient dans le ciel devant moi. « Qu'est-ce qui les dérange ? » Voilà ce que je me suis demandé. À cet instant mon esprit a reçu une étrange secousse et je me suis complètement réveillé. Les vautours entouraient le zèbre que j'avais tué la veille. Ils n'avaient réussi qu'à lui arracher les yeux, car l'étalon était toujours là, près d'elle, trottant de-ci, de-là, et chassant furieusement le charognard qui se posait près du cadavre de sa femelle. Et tandis que j'observais la scène, je compris que ce fantastique animal indompté qui ne cessait de courir dans tous les sens sous le soleil éblouissant de ce plein jour tropical avait lancé à l'univers matériel un défi plus désespéré, plus beau, et plus convaincant que tous ceux que j'avais entendus tonner du haut de la chaire ou de l'estrade.

L'IVOIRE

I.

Le satyre brun

Il y a des années, vivait dans un bois de l'ouest de l'Angleterre un jeune satyre dont les membres avaient la couleur brune des feuilles de châtaigniers en automne. Ce jeune satyre avait une compagne, une petite hamadryade[1] qui habitait au creux d'un orme blanc tordu. Ils couraient et s'amusaient ensemble toute la journée dans la grande forêt silencieuse et, quand ils étaient fatigués, s'endormaient dans les fougères vertes.

La nuit, ils se promenaient dans les pâturages tranquilles trempés de rosée, attentifs au souffle pesant du bétail et, quand ils avaient soif, tétaient avec des lèvres païennes les pis tièdes et parfumés. Ils aimaient particulièrement ces animaux placides qui les suivaient gravement des yeux quand

1. Nymphe des arbres, comparable à une dryade, mais liée à un seul arbre et mourant quand l'arbre est abattu. Voir aussi *The Hamadryad and The Demon*, nouvelle de Roderick Mawr (John Cowper Powys), Hamilton, Colgate University Press, *The Powys Newsletter*, 1971.

ils passaient dans l'air nocturne voilé de brume. À Noël seulement, si le satyre brun les trouvait à genoux, il entrait dans une colère terrible, les tirait par la queue et les terrifiait en poussant des cris de rage. Il ne pouvait supporter qu'on lui rappelât l'être torturé dont la mort avait jeté l'anathème sur tous ceux de sa race. Pour la même raison, il détestait les rouges-gorges et leur arrachait du poitrail les délicates petites plumes rouges. Il avait une fois capturé un bec-croisé et tous les oiseaux du bois avaient été effrayés par les hurlements qu'il avait poussés. En une autre occasion, apercevant un âne en train de brouter dans un chemin écarté, il s'approcha de lui pour jouer, mais, prenant soudain conscience du symbole abhorré, il estropia hideusement l'animal, qui fit connaissance avec ses doigts griffus. Les fleurs de la passion[2] ou les larmes de Marie[3], il les détruisait aussi avec rage quand il tombait dessus dans les grands espaces des jardins où il errait parfois par les nuits claires. Car ils aimaient, ces deux-là, par les beaux clairs de lune, le calme ensorcelé de ces lieux majestueux, courant sur les terrasses magiques, se reposant près des fontaines ou s'arrêtant au milieu des parterres de géraniums sur les pelouses bien entretenues en se demandant qui dormait à poings fermés derrière chaque fenêtre aveugle – de belles filles et de beaux garçons, ou de vieilles personnes aigries comme celles qu'ils épiaient parfois

2. Il s'agit des passiflores, dont les fleurs – corolles et autres éléments – ressemblent à une couronne d'épines. Les jésuites se servaient de ces fleurs pour faire comprendre la Passion aux indigènes.
3. *Fritillaria imperialis*, la couronne impériale.

sur les routes ? Souvent, le satyre brun, fixant des yeux la lune quand elle était claire et lointaine, montrait à la petite hamadryade l'ombre qu'elle projetait, les cheveux au vent, sur le disque argenté qui filait vers le nord.

Un jour, au début du printemps, le satyre fut réveillé par un gémissement, celui de l'orme blanc sous les coups de hache d'un bûcheron. Se levant d'un bond, il courut à toute vitesse vers l'endroit et, en chemin, dominant le gémissement de l'arbre, lui parvint le cri de mort de la petite hamadryade. L'arbre était abattu. Après le départ du bûcheron, le satyre trouva le corps mort, gisant dans la fougère, flasque et sans vie, comme un lis brisé. Elle était la première créature du bois qu'il eût jamais vue morte et une terrible sensation de désolation le submergea, tant il aimait la souplesse de son corps, sa façon d'être et son rire.

Au-dessus des plus hautes branches de cette forêt solitaire, s'éleva une longue et amère lamentation, un cri que seules les créatures sans âme peuvent émettre. Longtemps après, le satyre brun revint à cet endroit, muet et douloureux, les coudes sur les genoux. Il se dit que plus jamais il ne retrouverait son insouciance après avoir caché dans la terre sa compagne de jeu adorée. Il avait sans cesse en tête le souvenir de sa forme aussi blanche qu'un peuplier argenté sur la terre meuble.

Une année entière passa puis, par un tiède après-midi, comme le satyre brun, allongé sur l'herbe, écrasait entre ses mains de délicieuses tiges de campanules, il prit soudain conscience d'un urgent et irrésistible désir d'apprendre, si cela était possible, la sagesse secrète des mortels au sujet de Dieu et leur destinée ultime.

Ce même après-midi, comme le prêtre de la paroisse, un vénérable vieillard aux mains aussi blanches qu'une hostie consacrée, arpentait de long en large le jardin du presbytère, le satyre brun vint à sa rencontre.

« Dis-moi, dis-moi, supplia-t-il, de sa voix perçante de créature des bois, y a-t-il un Dieu ? Y a-t-il une vie après la mort ?

— Bien sûr qu'il y a un Dieu et encore plus sûrement une vie après la mort, répondit le vieil homme. Le monde visible tout entier manifeste Son pouvoir, derrière chaque loi de la nature, il y a Sa main qui nous guide. N'avons-nous pas une preuve de Son existence, et une preuve des plus sûres, avec cet étrange sens moral qui est en chacun de nous depuis le premier jour ? Ce monde n'est qu'une épreuve et si nous croyons en Jésus-Christ nous serons sauvés. »

Le vieux prêtre se saisit du crucifix qu'il avait sur la poitrine et l'éleva de façon que la lumière spectrale éclairât la minuscule silhouette crucifiée.

Longtemps, le satyre brun la regarda gravement, puis d'un seul coup jaillit en lui la certitude que ce malheureux à la tête pendante et aux bras haut levés n'était pas Dieu, et il s'enfuit du jardin aussi embaumé et aromatique que l'était l'Éden. Le prêtre rentra pour prier, mais au moment d'ouvrir la porte du presbytère, un étrange cri rauque résonna dans les champs lointains. Était-ce un éclat de rire ? Ou un reproche amer ?

Il y avait un moment que le satyre brun observait un jeune homme qui se promenait dans les bois, impressionné par sa gaîté et son apparente confiance. Lui au moins, se dit-il, doit comprendre le secret de la vie.

Il arriva que, le lendemain, il aperçut le garçon assis au bord d'une grosse mare au milieu des épilobes et d'odorantes menthes aquatiques. Obéissant à une impulsion soudaine, il posa, sans quitter sa cachette, les deux questions qui le préoccupaient.

Le jeune homme leva la tête et, avec du rire dans les yeux, cria si fort que les mots résonnèrent jusque dans les profondeurs de la luxuriante forêt.

« Il n'y a pas de Dieu et il n'y a pas d'immortalité. »

Et au bord de ces eaux tranquilles, l'idée que cette affirmation pouvait être vraie s'enfonça dans l'âme du satyre brun.

« Alors que faire ? demanda-t-il en réponse.

— Ce que tu voudras, car rien n'a d'importance. »

Les échos moururent au loin et le jeune homme au cœur léger se mit à tremper dans l'eau fraîche ses pieds luisants. Des libellules, des bleues et des rouges, voletaient autour de lui et tandis qu'il était assis là, le soleil dans sa gloire, triomphant et splendide, s'éleva de plus en plus haut dans le ciel.

2.

Le cogneur

C'était une journée délicieuse dans le premier printemps. Je marchais à côté d'un missionnaire de la députation, l'un de ces individus ennuyeux qui, de temps à autre, font irruption en pantoufles dans le calme d'un presbytère de campagne, avec des cartes de l'Ouganda et des manières d'illettré. L'attitude dogmatique de mon compagnon paraissait absurde, incongrue, exaspérante, ici sous le soleil d'avril. J'aurais pu danser autour de lui, pousser des hurlements, l'ensevelir sous une montagne de gestes grotesques.

Nous sommes entrés dans un bois. Déjà les mercuriales, ces étranges fleurs dioïques, pointaient le nez à travers le terreau humide des feuilles et, me baissant pour cueillir un mâle et une femelle, il me vint l'irrésistible envie de faire entrevoir à ce butor la véritable nature de la nature indomptée de la terre et ses fruits.

« Savez-vous, dis-je en me tournant vers lui, quelle est l'unique grande force devant laquelle la Création tout entière tremble et défaille ? Certainement pas votre Dieu ! Pensez-vous que les poissons, les bœufs, les freux se soucient de lui ? L'amour est la grande force irrésistible, ce qu'il y a de plus Dieu en Dieu, envahissant, insinuant, pénétrant par tous les pores cette planète, qui tourne et danse autour du Soleil. De la poussière de pollen flotte de fleur en fleur, d'arbre en arbre. Les insectes se cherchent et folâtrent au soleil. Et quand le soleil a disparu, les chouettes poussent des hululements lascifs. La Création tourbillonne, crie, court dans tous les sens, dans un désir éperdu d'étreintes, dans les forêts, les eaux profondes, les villes illuminées. C'est sans doute, pour notre malheureuse race bercée d'illusions, le seul soulagement, le seul remède infaillible. »

Je restai un moment silencieux puis, une fois passé ce scandaleux éclat, je racontai à l'homme l'histoire suivante.

Dans notre village vivait un de ces paysans paraissant très proches de la Création, comme s'il venait d'être façonné dans l'argile par la main divine. Il avait le corps aussi rude qu'un tronc d'arbre couvert de lichen gris, les jambes et les bras aussi raides que le sont les branches. Debout près de lui dans un champ ou une grange, on sentait une vague odeur de mousse, ou de moisi, ou celle de l'écorce des arbres. Commis de culture, il travaillait tantôt pour un maître, tantôt pour un autre. Dans les champs, il avalait le cidre ambré avec l'insatiable avidité d'un animal, immobile et monumental au milieu du blé, la petite gourde qu'il appelait sa « fillette » collée aux lèvres.

Tous les autres hommes le craignaient. Une fois, lors d'une rixe dans une taverne, il avait étendu un laboureur pour le compte, d'un coup de son énorme poing qui lui était tombé dessus avec la force dévastatrice d'un orme en train de s'abattre. Après, on l'avait surnommé le « Cogneur ». Il vivait avec sa mère dans un petit cottage à proximité du village. Une masure délabrée dont la plupart des fenêtres étaient brisées. Il y avait un jardin autour, mais je ne pense pas y avoir jamais vu pousser le moindre légume. Ils récoltaient des produits plus sauvages, champignons, noix, jeunes orties. Je l'ai même croisé au printemps en train de déterrer les racines des arums tachetés, comme on le fait des carottes et des betteraves. C'était certainement un gars bizarre, fait pour courir les bois. La mère également était presque aussi sauvage, avec des cheveux filasse et des dents saillantes comme des défenses de sanglier.

On se demandait ce qu'ils pouvaient bien trouver à se dire au cours des longues soirées, ces deux-là. De quoi ils pouvaient parler, ce qu'ils pensaient l'un de l'autre, de leurs voisins et de la terre au-dessus de laquelle le soleil se levait et se couchait chaque jour.

À l'époque de la mort du père, j'avais rendu visite à la famille du Cogneur.

« L'est mort vraiment heureux. Ça m'a fait penser au Sauveur », avait dit la vieille femme.

Je me rappelle avoir été sidéré par ces paroles. Il m'a paru incroyable que l'événement si lointain qui avait eu lieu dans le jardin des Oliviers ait pu filtrer dans cette intelligence en friche. Comme si un bandit de grand chemin au fond d'un fossé était soudain devenu grave en parlant du Fils de Dieu et de Sa mort cruelle.

Il arriva qu'un jour, je tombai par hasard sur le Cogneur étendu dans les fougères et les primevères, en compagnie, non de sa mère, mais d'une autre femme, une grande femme d'un village voisin, qui s'appelait Nelly. L'après-midi était radieux. La campagne, baignée de rires et de pleurs, était aussi belle et aussi fraîche qu'une jonquille près d'une eau claire. Dans les haies, de délicieux chatons de saule duveteux avaient éclos, et les nids d'oiseaux étaient remplis d'œufs nuageux et bleus. Une joie étrange se répandait dans le monde végétal, depuis les minuscules racines globuleuses des chélidoines, jusqu'aux plus hautes ramilles des grands arbres de la forêt. Je tombai sur le couple à l'improviste. Le Cogneur était évidemment amoureux, car il avait une main, telle une patte pelote, posée sur la femme.

« Oh, oh ! me suis-je dit, toi aussi, mon gaillard, tu ressens l'irrésistible appel du printemps. »

Peu après cette rencontre, il se mit à travailler pour nous, surveillant les vaches comme un gigantesque chien de berger en alerte sur deux pattes. Il m'avait toujours fasciné et maintenant que je pouvais l'observer de plus près, j'avais l'impression d'un être à part, en dehors de l'existence ordinaire, vraiment à part, comme l'est la taupe silencieuse et absorbée, ou le blaireau creusant profondément.

À mesure que passaient les semaines de la mi-été, il était fréquent de rencontrer le Cogneur et sa Nell. La nuit, les phares d'un véhicule de passage les surprenaient appuyés à une barrière ou flânant dans la pénombre d'un chemin creux bordé de chèvrefeuille. Tôt le matin, un vieux, en jetant un coup d'œil dans la rue du village silencieux, l'avait vu revenir seul dans l'étrange lumière blanche de l'aube. Lorsqu'elle eut vent des frasques de son fils, la vieille femme fit tout ce qui était en son pouvoir pour l'empêcher de récidiver. Elle était jalouse, en proie à la jalousie dangereuse d'une vieille femme solitaire. Par mille ruses et tromperies, elle essaya de le garder pour elle, feignant parfois d'être malade, parfois pleurant et l'appelant à grands cris.

Les tentatives de l'homme pour rejoindre sa belle, absurdes et dérisoires, étaient la risée de tout le village. Vint août et, comme le temps semblait se mettre « au beau fixe », la moisson commença. Je n'oublierai jamais ces jours. Ils étaient chauds. Au zénith, le soleil estival, une sphère éblouissante, déversait des rayons brûlants sur nous, sur les chevaux et sur les instruments étincelants de la ferme. Sous la chaleur verticale, la terre se desséchait et se craquelait. À certains endroits, il m'était possible d'enfoncer un pic à un peu plus d'un mètre dans le sol. Aux yeux des scarabées et des insectes des moissons, le blé devait avoir l'air d'avoir poussé sur des îlots. La sueur, une sueur salée, dégoulinait comme du vif-argent dans la bouche, sur les yeux, dans une atmosphère pourpre qui ne cessait de danser et de trembler.

Le Cogneur conduisait la lieuse, tournant et tournant autour du carré d'épis de blé miroitants, qui maigrissait à vue d'œil et protégeait un bizarre mélange de créatures à plumes et à poils. Soudain, on entendit un cri et on le vit osciller sur le siège de fer de la machine, osciller puis tomber à la renverse comme quelqu'un tué net d'une balle. Tous, on courut vers lui, qui avait mordu la poussière, étendu là, le souffle court, ahanant comme un cheval bon à rien, une écume mêlée de cidre aux lèvres. Une fois transporté à l'ombre d'un orme, où il faisait aussi frais que dans un cellier, on déboutonna sa chemise. Il était toujours inconscient, toujours en train de renâcler.

Enfin ramené chez lui et mis au lit comme un poids mort, il remplit la masure de râles terrifiants.

« Pauv' cadet, pauv'cadet ! Y peut pus aller voir c'tte garce à c'tte heure ! » marmonnait la vieille en transperçant d'un regard mauvais la silhouette prostrée de son fils.

Le lendemain matin, il avait une respiration plus calme et recommençait à parler, avec les mots fébriles et débridés de quelqu'un en proie au délire, quand l'esprit humain semble se détraquer comme le mécanisme d'une horloge. J'écoutais, horriblement fasciné, car c'est en de telles occasions que l'on a un réel aperçu du fonctionnement de la matière grise mise à nu sans contrôle. Il ne cessait de parler à ses chevaux dans le langage incompréhensible que les paysans réservent à ces animaux. « Hue dia ! Ho-hue-ho ! » comme il l'avait fait le matin précédent dans la chaleur étouffante des champs moissonnés du monde visible.

Cela donnait une idée des impressions brutes que son cerveau avait reçues durant ses dernières heures, comme sur une plaque photographique. Puis il tendait les bras, de longs bras brunis par le soleil, et il appelait la femme qu'il aimait. « Viens, Nell, viens », criait-il. Et je ne pouvais m'empêcher de penser à cet autre mourant qui, au cours de sa royale agonie, avait ce même prénom sur les lèvres – le prénom de sa folle maîtresse protestante[1] !

Je tentai de persuader la vieille mère d'aller chercher la femme, mais elle ne voulut pas en entendre parler.

Trois jours passèrent sans que l'on cessât d'entendre au voisinage de la masure ce monologue rauque. Merles et grives, mal à l'aise, voletaient çà et là et se cachaient dans les buissons de groseilliers. Le quatrième jour, après avoir, tôt le matin, trait les vaches, nous avons appris la stupéfiante nouvelle : le Cogneur gisait mort dans la maison de son amante, cinq kilomètres plus loin. Tout en nous demandant comment une chose aussi inimaginable avait été possible, nous avons atteint l'arrière-cour de la ferme, où un vagabond nous raconta d'une voix survoltée qu'il avait rencontré un fantôme, un cadavre à moitié nu marchant avec raideur sur la grand-route à minuit.

C'était le Cogneur ! Irrésistiblement poussé par la passion, l'homme avait quitté son lit de mort pour franchir les kilomètres qui le séparaient de la femme.

Ah, mon ami ! Quelle force avait dû habiter cet étrange Cogneur pour lui permettre de marcher à grands pas pour la dernière fois sous les étoiles d'été ?

Dans le silence de la nuit, elle l'avait entendu arriver de loin. Elle avait couru à sa rencontre sur la route. Sûre que c'était lui, avançant d'un pas délibéré, pieds nus résonnant

1. Nell Gwynne (1650-1687), maîtresse de Charles II d'Angleterre, converti au catholicisme le dernier jour de sa vie.

comme les pattes de velours d'un animal dans la poussière d'août. Avec des gémissements inarticulés il était venu à elle et, quelques instants plus tard, elle le serrait dans ses bras, le corps du Cogneur, qui était raide et tout en longueur, et qui sentait la terre.

3.

Thrène

Par un humide après-midi de novembre, je me retrouvai devant un petit tertre oblong dans un vieux cimetière campagnard. Le tertre était recouvert d'une herbe qui avait poussé serrée, comme un vieux gazon, et il était évident que nombre d'années avaient passé depuis le jour où la pelle du fossoyeur avait réuni et donné forme à la terre déplacée par la chose que cachait la tombe.

Au sommet du tertre, on avait érigé une petite croix de marbre italien, si petite qu'elle en devenait pathétique, déjà souillée de vert par les innombrables après-midi pluvieux qu'elle avait endurés.

Au pied de la croix était inscrit un nom de fille et les mots *Dieu est amour*. Il était également mentionné deux dates à partir desquelles un étranger venu par hasard aurait pu calculer que celle qui était enterrée là était morte à l'âge de treize ans. Je restai sans bouger, parfaitement immobile, observant le tertre d'un œil indifférent.

Le grand sycomore qui poussait en face de l'abbaye avait perdu ses feuilles, les étroits sentiers détrempés qui serpentaient entre les tombes étaient couverts de mousse, le gazon, serré, rude, de couleur sombre, comme c'est toujours le cas à la fin de l'année.

J'étais parvenu à cet endroit, venant d'un coin obscur sous un haut mur tapissé de lierre au pied duquel je m'étais assis sur une vieille brouette démantibulée pour goûter les pâles rayons embués du soleil d'hiver. L'endroit était propice à l'humeur contemplative et philosophique car, outre les nombreuses couronnes mortuaires jetées là, j'avais remarqué, sur un mauvais tas d'humus et de scories, quelques menus restes humains : des débris d'os fraîchement déterrés par la pioche et la pelle.

La voici donc encore, m'étais-je dit, cette assertion importune de l'impermanence de toutes les choses mortelles ; une vie succédant à une autre si vite que l'on en a le souffle coupé, plus loin sans cesse plus loin, dans une lointaine histoire dont le relevé manque.

Qu'il est glacial, le souffle d'une telle idée sur l'esprit de l'homme ! Devant ce genre de méditation, les cœurs les mieux trempés tremblent. Je me souviens du gros soupir que poussa mon père le jour où, à cet endroit même, le fossoyeur du village nous décrivit une voûte, là, sous nos pieds, une voûte contenant les corps de trois hommes de haute taille, avec de lourds anneaux d'or aux doigts. Aujourd'hui, debout devant cette modeste tombe, écoutant les sansonnets faire les fous sur le toit du chœur, écoutant, dans la rue boueuse, le bruit des roues de la carriole du boulanger et le heurt soudain à la porte de chaque cottage, suivi de la voix s'écriant « Du pain, du pain » – du pain pour les vivants –, la mémoire me fit inévitablement revivre ce lointain jour de printemps où le corps de la petite fille avait été porté en terre et où j'avais pour la première fois eu le soupçon – que dis-je, la révélation – de la nature scandaleuse des termes sur lesquels toute vie humaine repose.

C'était en 1893, et le printemps était arrivé tôt cette année-là. À la fin mars, même les haies en bordure de la route étaient blanches d'aubépine. L'aubépine était partout. Les pétales délicats, ronds et blancs, jonchaient le sol comme neige, décorant même les bouses de vache dans les champs et recouvrant à moitié les chélidoines jaunes apparues dans les fossés.

Nous, les enfants, à peine capables de contenir la joie de voir le paysage familier si soudainement transformé, nous coupions des branches et les ramenions à la maison au grand dam de la vieille servante qui, les découvrant dans de grands vases sur la table de la nursery, nous assurait que c'était un mauvais présage annonciateur de malheurs à venir. Les arums tachetés étaient également en pleine poussée et, dans les vergers où nous jouions, nous en déchirions l'enveloppe, découvrant que les lances colorées étaient déjà formées, bien qu'il manquât encore plusieurs semaines avant leur pleine maturité.

Comme si, cette année-là, la campagne était sous l'emprise d'un étrange enchantement. Le coucou commença à chanter avant la fin du mois de mars et, début avril, les ajoncs étaient déjà remplis de nids de linottes, certains avec des oisillons à peine éclos. L'odeur de ces fleurs jaunes au soleil ! Pourrait-il y avoir une odeur qui rappelle mieux la terre donneuse de vie ? Cette senteur particulière n'a depuis cessé de me hanter – une bouffée n'importe où et à n'importe quel moment, et je suis de nouveau à la recherche des nids d'oiseaux en compagnie de la petite fille maintenant sous terre depuis presque trente ans.

Vint un après-midi, un après-midi de printemps plein de la promesse de l'été, quand, alors que nous jouions à faire les foins au bout du court de tennis, coupant l'herbe haute et l'arrangeant en petits tas pour la faire sécher, elle se plaignit soudain d'avoir mal au côté. Elle continua de jouer, elle continua de rire, mais le mal ne disparut pas. Quatre jours plus tard, elle était morte. Ces heures tragiques ne peuvent pas s'effacer de ma mémoire – le progrès ininterrompu de l'inexplicable maladie, l'issue, pour ainsi dire, fatale depuis le début, le visage bruni par le soleil devenant de plus en plus pâle, tandis qu'elle gisait là, dévorée par la fièvre dans le grand lit de la chambre d'amis – ma mère allant et venant dans la maison, d'abord inquiète, puis angoissée, enfin en proie à un désespoir muet, avec cet air que j'ai depuis si souvent remarqué chez les humains. On me laissa entrer dans la chambre pour la dernière fois.

« Est-ce qu'il y a encore des œufs dans le nid des pinsons, dans la haie de buis ? » me demanda la petite fille dont l'esprit se tourna naturellement vers les intérêts que nous avions partagés dans le jardin de notre demeure.

Eh oui, hors de cette chambre, la vie avait suivi son cours : la saison magique avançait sans retard. De la pelouse du haut, près du parterre de jacinthes, on pouvait écraser une douzaine de pâquerettes sous les chaussures et, dans les hêtres, les jeunes freux voletaient déjà maladroitement autour du nid de branchages. Campanules et lychnis nielles commençaient à fleurir dans les bosquets et les sous-bois.

Peu à peu, l'enfant prit conscience que la fin approchait. Il n'y eut ni pleurs ni cris mais, dans les sensations de froid qui s'emparaient de son corps, il sembla qu'elle reconnaissait une loi irrévocable contre laquelle il était inutile de se plaindre et de lutter.

« Dites-moi au revoir, mère », appela-t-elle.

Mais cette femme au pâle front d'ivoire et aux yeux bruns battus n'eut pas le cœur de satisfaire cette requête. Comme d'autres avant elle l'avaient fait, et le feront encore, poussée par l'angoisse et le désespoir, elle jeta toutes les forces de sa volonté contre le danger qui menaçait. Plus calme qu'elle ne l'avait jamais été, elle allait et venait sans bruit dans la maison. Elle était dans la salle à manger à l'heure dite, dans la nursery, dans la salle de classe, le visage aussi tendu qu'un cri dans une forêt glaciale, sans laisser couler une larme.

Et moi, petit gamin entrant et sortant par les hautes fenêtres à la française, observant tout cela avec perspicacité, je parvins à mes propres conclusions. Si notre séjour dans le jardin de la terre est en réalité si incertain, si bref, si le temps de jouer sous l'aubépine nous est vraiment compté au plus juste, si – comme j'en eus clairement conscience à ce moment-là – la mort ne peut être évitée, le secret d'une existence aussi douloureuse et aussi incertaine doit se trouver dans le détachement : il ne faut pas perdre confiance en la vie, même si elle est vouée à la tragédie, mais toujours garder la tête froide.

Telle était la raison pour laquelle, dans cet humide après-midi de novembre, vingt-huit ans plus tard, je regardais ce tertre oublié détrempé par les pluies d'un œil impassible, mais curieux et railleur.

4.

Non coupable

Non, je n'ai jamais trompé un homme vivant, mais – bon sang ! j'ai une fois été sur le point de le faire. J'étais dans un sanatorium en Suisse, une colossale bâtisse oblongue ornée de balcons, à l'allure étrange et incongrue à flanc de montagne.

La vie en de tels lieux est intolérable.

Jour après jour, je n'avais rien à faire, rien à penser. Au monde et cependant pas au monde, délaissé, abandonné, sur la plus haute terrasse. Dans ces immenses hôpitaux pour les riches, la moitié des dégénérés d'Europe se rassemblent, espérant faire durer une vitalité inutile et déclinante. Avec de tels compagnons, mon existence était insupportable. Si je faisais une promenade, il n'y avait jamais rien à voir, le paysage était toujours le même – sapins et montagnes perpétuellement couvertes de neige, c'était tout. Quant aux paysans suisses, je les méprisais. Ils me semblaient passer leur temps à fumer des pipes monstrueuses, à chanter de grotesques tyroliennes et à mener de chalet en chalet de ridicules vaches gris souris.

Cependant, même dans les sanatoriums, on peut trouver une consolation car – heureusement pour nous – il arrive que les femmes aussi tombent malades. Je n'étais pas sérieusement atteint et j'avais bon espoir de revenir en Angleterre pour les mois d'été. Il m'arrivait donc de jeter un œil alentour, en quête d'une fille qui pourrait égayer la tristesse de mon exil.

J'étais à cette époque de la vie d'un homme jeune où le désir d'aventures est tout-puissant et où il ne peut penser à rien d'autre, prêt à emboîter le pas de toute rencontre prometteuse.

Un jour, comme je me reposais sur un siège du sana, de couleur verte, à mi-chemin du sommet de la montagne, un autre Anglais vint s'asseoir près de moi. Lui, pauvre diable, était très malade. Comment il avait réussi à parcourir un si long chemin, je n'en sais rien. On disait qu'il avait une faiblesse cardiaque et pouvait mourir à tout moment. Après une quinte de toux, il me dit qu'il venait de recevoir une lettre de sa femme, qui allait lui rendre visite. La maladie l'ayant pris à la gorge, il ne pouvait parler que dans un murmure mais, même ainsi, je perçus, au ton de sa voix, l'orgueil de l'homme ayant épousé une femme belle et d'une nature supérieure.

Il n'était pas ce qu'on appelle un homme du monde. Il avait gagné de l'argent en fabriquant des bottes – des bottes de couleur brune – qu'il assurait être les meilleures que l'on pût trouver sur le marché.

Il était abominablement maltraité, avec l'insolence que les classes supérieures adoptent envers les inférieurs qui fraient par hasard avec elles. On le lui fit sentir plus d'une fois, je peux vous le dire. Lorsqu'il me présenta sa femme, quelques jours plus tard, je fus sidéré. Je n'oublierai jamais le regard qu'elle me lança en me serrant la main – un regard qui semblait jauger ma capacité de lui donner du plaisir – un regard espiègle, plein de défi et en même temps d'ironie. Elle était ce que l'on appelle une allumeuse, ce genre de femmes sans âme qui passent leur temps à étrangler les hommes de caresses languides.

Le soir même, « son vieux », comme elle l'appelait, une fois au lit, nous sommes restés à bavarder ensemble dans le vestibule. Elle avait à l'évidence le béguin pour moi, car elle se montrait extraordinairement gracieuse. « Je sais à quoi vous pensez », semblaient me dire ses yeux. « Vous me trouvez séduisante – dans ce cas, parfait, allez-y, faites le premier pas et vous aurez tout ce que vous voulez de moi. » Aujourd'hui encore, je me souviens de l'aura vénéneuse de sa présence, du déshabillé de soie bleu de Prusse qui froufroutait au moindre mouvement et dégageait les délicieux effluves de la table de toilette d'une femme du monde.

À mesure que les jours passaient, j'étais de plus en plus sous le charme : l'ennui de ma vie disparaissait – disparaissait comme c'est toujours le cas quand on est attiré par une femme. J'étais complètement fasciné. Par ses reparties moqueuses, ses bonheurs d'expression, ses attitudes sensuelles – absolument incapable de résister.

Vous savez combien la personnalité d'une femme intelligente se montre dans tous les incidents familiers de la vie. Il en était ainsi avec elle – elle était toujours charmante. À l'heure des repas, je jetais parfois un regard à sa table mais, avec des yeux rieurs, elle trouvait moyen de se cacher derrière un vase de tulipes. Je ne vois jamais un parterre de tulipes, dans le jardin, sans penser à sa beauté perfide.

Le fabricant de bottes était manifestement flatté par l'impression qu'avait produite sa femme et m'invitait à monter boire café et liqueurs dans leurs appartements, avant le repos de l'après-midi. En ces occasions, il faisait des efforts pathétiques pour oublier son état misérable mais, tout le temps, chuchotant et riant, il avait sur les traits cette curieuse expression hagarde que j'avais remarquée sur le visage des tuberculeux mourants. J'avais vu des douzaines de tuberculeux comme ça. Ils prennent l'air préoccupé sans que l'on sache pourquoi, l'âme paraît se retirer dans les coins les plus obscurs du corps, ne réapparaissant qu'à de très rares intervalles pour agiter des mains suppliantes par les fenêtres des yeux. Sa femme se gaussait souvent de lui, disant qu'il était stupide d'être déprimé à ce point. Qu'elle fût incapable de comprendre l'amertume de la situation de son mari était pour moi un constant sujet d'étonnement. Il n'est pas drôle pour un homme qui n'a vécu que pour le monde et ses usages de se trouver soudain aux portes de la mort et de comprendre en un éclair la terrible fatalité qui régit l'existence humaine. Pourtant, les moindres allusions aux aspects les plus graves de son cas étaient soigneusement et délibérément ignorées.

Un jour, après déjeuner, elle m'invita comme d'habitude à monter prendre le café. Son mari n'était pas descendu ce matin-là, et elle m'assura que ma présence lui ferait du bien.

« Il a le moral et la température en berne », ajouta-t-elle en riant.

J'ai ouvert la porte de l'ascenseur et nous sommes montés ensemble au troisième étage, avant d'emprunter le couloir jusqu'à la chambre de mon ami. Les doubles portes une fois ouvertes : personne. Pensant qu'il était peut-être sur le balcon, elle l'appela. Pas de réponse. Un de ses amis occupant l'appartement d'en face, nous avons pensé qu'il lui rendait visite.

Pour la première fois, nous étions seuls dans une chambre. Nos yeux se rencontrèrent. Je lui effleurai la main. Elle n'enleva pas la sienne. Je la pris dans mes bras. Elle ne résista pas. À part le bruit de nos baisers, il régnait un silence absolu – cet étrange silence, à moitié animal, qui s'empare des amants la première fois qu'ils s'abandonnent. Soudain, au milieu de ces étreintes lascives[1], j'eus la bizarre impression qu'il y avait quelqu'un dans la chambre – j'en étais sûr ! J'étais certain que nous n'étions pas seuls.

Je tournai la tête.

Les portes menant au balcon étaient entrouvertes et, par l'étroite ouverture, je voyais l'extrémité de la couche de mon ami. Jugez de mon horreur en apercevant l'une des bottes brunes bien connues ! Il avait été là tout le temps, sans aucun doute voyeur de nos ébats illicites.

1. Dans la première édition (1923), les étreintes ne sont pas lascives, mais « *tremulous and passionate* ».

Qu'allions-nous faire ? Ma compagne se leva et se dirigea vers le balcon. À l'expression dure que prit son visage, je compris qu'elle avait l'intention de crâner.

« Bien, dit-elle avec une cruauté moqueuse dans la voix, maintenant que nous et le café sommes prêts, je vais dire à mon vieux de venir. »

Mais elle avait parlé pour rien. Son mari était mort[2].

2. La chute dans la première édition est plus difficile (explicite) : « *But she need not have been facetious, she need have said nothing, for her old man was dead!* »

5.

Tricherie dans les cieux

Comme elle est belle, et pourtant comme je la hais ! Toute ma vie sa présence m'a hanté.

Chaque mois, il y a des jours où son pouvoir devient insupportable, où il m'est nécessaire de rester dans la maison pour ne pas la voir apparaître. Qu'il y ait des gens pour dire qu'ils ne croient pas aux fantômes, voilà qui est pour moi chose inconcevable, quand cet esprit omniprésent fait périodiquement son apparition avec une récurrence monotone. À mesure que les années passent, son existence devient de plus en plus odieusement réelle, sa forme délicate et palpable de plus en plus visible, de plus en plus convaincante. Presque chaque jour maintenant, j'ai sur les mains et le front la sensation de ses baisers glacés, de ses baisers dangereux, pénétrants, qui anesthésient le cerveau. N'est-elle en réalité qu'une illusion ?

Si seulement elle voulait prendre – ne serait-ce qu'un moment – un véritable corps, comme je serais heureux de l'étreindre et d'étrangler de mes mains cette beauté perfide jusqu'à ce que mort s'ensuive. J'aimerais avoir la force de mettre pour toujours un point final à cette existence. Je n'ai qu'une idée en tête : la voir gisant à mes pieds, morte, morte, morte. Si je la voyais là, emprisonnée pour la première fois dans une enveloppe mortelle, peut-être alors pourrais-je l'aimer. Je me demande parfois si d'autres gens éprouvent la même chose que moi. Peut-être qu'elle ne les a jamais hantés. Ou, comme je l'ai parfois imaginé, qu'ils font semblant de ne rien savoir de son existence ? Vaquent-ils à leurs travaux en s'imaginant que cette singulière personnalité n'est pas à leur côté ? Qui peut le dire ? Qui peut le savoir, quand chaque âme humaine est si réservée, si isolée, si solitaire ?

La nuit dernière, je l'ai vue de nouveau, plus froide et plus merveilleuse que jamais. J'allais m'endormir, l'esprit occupé à des plans relatifs à mon bonheur, avec le projet de nouveaux plaisirs à arracher au flot rapide de la marée de l'existence… mais j'ai tourné par hasard la tête et… elle était là ! Immobile à la fenêtre. Du coin de l'œil, j'ai observé son expression comme toujours pâle et indifférente, de cette indifférence d'une chose morte, et de cette pâleur d'un pétale de magnolia. J'ai vite détourné les yeux, car je savais qu'en la regardant longtemps, j'en arriverais à renier du fond du cœur la joie de la terre pleine de soleil, le rude défi des océans salés et la subtile fascination des cités bâties par les hommes.

C'est à pas de loup qu'elle m'a poursuivi toute ma vie ! À l'enfance, je l'ai prise pour argent comptant, sans vraiment comprendre ce que je voyais et me douter un instant de ses appâts muets ? Il en va autrement maintenant. Cette présence ne m'apparaît plus naturelle. Je ne reconnais que trop bien cette influence mauvaise, le subtil poison de ce pouvoir hypnotique, envoûtant et en même temps fatal.

Oui, un seul clin d'œil de cette fantomatique putain blanche suffit maintenant à me déconcerter et à me clouer le bec. Où que j'aille, il m'est impossible de lui échapper. Elle est allée me chercher jusqu'en Afrique, jusqu'en Amérique. Ce n'est qu'en m'enfonçant sous terre comme une taupe, en m'étendant sur le dos dans l'herbe et les feuilles et la mousse que je puis espérer échapper à ses œillades inattendues. « Sûrement, ai-je dit, les frondaisons d'une forêt tropicale, voilà un abri sûr. » Imbécile ! De ce genre d'abri, j'ai fui en hurlant, les mains sur les yeux, trébuchant dans les fougères comme un maniaque pour échapper à ce piège horrible. Même chose en Angleterre. Je ne compte plus les occasions où elle m'a eu par surprise, où j'ai soudain eu une conscience exacerbée de cette redoutable silhouette muette à mes trousses.

Dans les champs la nuit, sur la rivière Yeo[1] après le départ des faneurs, un air doux plein d'aromates venait des haies, les rats d'eau trottaient en faisant frémir leurs minuscules coulées sous la berge et les gros poissons argentés faisaient

1. Je renvoie à la scène d'amour avec Dittany Stone sur cette rivière, peut-être les plus belles pages écrites par Llewelyn Powys avant de mourir (*L'Amour, la Mort*, *op. cit.*).

des sauts de carpe à la surface de l'eau, mais, même à ces moments-là, elle me guettait.

À Londres aussi, m'attardant sur le vieux pont de Blackfriars, j'ai soudain pris conscience de sa présence près de moi, devant moi, derrière moi, me sentant soudain obligé, le chapeau tiré sur les yeux, de me réfugier dans de frivoles chambres de plaisir, dans lesquelles je savais qu'elle n'oserait pas entrer. Dans les jardins, je l'ai vue, magique et muette, au milieu des fleurs, jusqu'à ce que l'herbe aux ânes, les lavandes, les romarins, les œillets de poète, fascinés, en extase, oublient dans leurs transports enchantés les caresses des abeilles inondées de nectar qui avaient dansé autour d'eux dans les heures dorées du jour. Je l'ai vue à Venise, sur les rives de l'Adriatique, où les pêcheurs tirent hors de la mer des filets remplis de petits hippocampes gaufrés à tête de dragon.

Je l'ai rencontrée en Suisse, loin au-dessus de grands champs de neige vierges, où chaque nuit des pins élancés projettent les aiguilles d'ombre de leurs branches.

Si seulement elle était morte et pouvait ne plus jamais se lever, quel soulagement infini ! Depuis les premiers âges, les premiers temps, quand nos ancêtres, nus et au pied léger, jetèrent des regards intelligents autour d'eux, elle n'a cessé de nous faire du charme et de nous tromper.

Sans elle, tout aurait été pour le mieux sous le soleil.

Si les hommes ne l'avaient jamais regardée, ils auraient pu être heureux, contents, libérés d'une pensée empoisonnée dans les salles de marbre rose des sens, l'esprit clair, fermement assuré, insensible aux séductions des sophismes mystiques qui ont dernièrement ravagé nos âmes malades.

S'il n'y avait pas eu la Lune, l'histoire de la race humaine eût été très différente. C'est elle et elle seule – ce flottant flamant blanc du ciel – qui nous a troublé l'âme et rempli l'esprit d'une perversité sophistiquée. Quelle gaîté triomphale, quelle exultation si le chemin des cieux au-dessus de nos têtes n'avait été traversé que par le Soleil !

C'est la Lune qui est à l'origine de tous les maux, cette éternelle planète morte qui, chaque mois, trompe l'imagination par la promesse de choses fausses inaccessibles.

Comment pourrait-il en être autrement, étant donné qu'elle est morte et que nous sommes condamnés à vivre nos vies, à longueur de mois, à l'ombre de ce détestable cadavre lépreux à l'esprit mystique et religieux qui ne fait, à travers l'espace infini, que rechercher sa vie perdue.

6.

Le rire des sphères

Il y a quelques années, par une belle soirée de juin, je revenais dans mon village par le dernier train, prévu pour arriver à vingt-trois heures trente. Dans la longue voiture découverte où j'étais monté, je laissais avec indolence mes yeux errer sur mes compagnons de voyage, tranquillement assis l'un en face de l'autre, comme des animaux engourdis.

Sur le visage de la plupart de ces gens se lisait la sérénité tranquille que procure un rapport intime avec la terre, comme si le calme d'un millier de matins d'automne avait élu domicile sur ces fronts graves et mélancoliques. L'un d'eux, cependant, retint mon attention, comme eût pu le faire une belle fleur bizarrement éclose au milieu d'un amas primitif de rochers gris. Appartenant à une fille délicate et fragile, il avait cet air mi-pensif, mi-troublé que l'on voit parfois sur le visage des jeunes gens sidérés par leur première rencontre avec les dures incongruités de la vie. Mince, mais bien en chair, elle pouvait avoir une vingtaine d'années, certainement pas plus. Je l'observai avec l'intérêt intense que l'on accorde à ces personnes égarées qui, croisées dans la rue ou dans le train, charment et fascinent avant de disparaître pour toujours de la vie. Soudain, nos yeux se rencontrèrent et un frisson étrange me traversa le corps. Souvent, en un coup d'œil, il est donné à une femme de révéler à un homme tous les appâts inexplorés de son être[1].

À l'arrivée en gare, elle se leva et se mit à tirer un gros sac lourd de dessous la banquette. Saisissant ma chance, j'écartai les autres voyageurs et offris mon aide. Le sac sur l'épaule, je suivis la fille en train de se frayer un chemin parmi la foule qui se dispersait.

« Habitez-vous loin ? » demandai-je, comme nous parvenions à une partie de la route plongée dans l'ombre par des châtaigniers.

D'une voix nerveuse et rapide, elle me dit qu'elle habitait un hameau à une dizaine de kilomètres, qu'elle avait manqué le train où son mari l'attendait et qu'elle devrait maintenant faire toute seule le chemin jusqu'à sa maison, en dépit de la lourdeur du sac et de l'heure tardive. Une fois de plus, j'offris mes services, cette fois-ci comme garde du corps et comme compagnon de route.

Il arriva donc qu'en ce soir de juin, je me retrouvai embringué dans une longue randonnée nocturne en compagnie de la femme dont la grâce et le charme m'avaient tellement

1. Fin de phrase plus convenue que dans la première édition : « ... *to reveal to a man all the delicious pleasure in the possession of her sex* ».

impressionné dans le train. Pendant les premiers kilomètres, nous suivîmes la grand-route. Timides, nous parlions peu, mais, au fond de nous-mêmes, nous ne cessions de faire l'amour et de plaisanter entre les haies du Wiltshire chargées d'une lourde odeur de musc.

Elle était mariée depuis un an, me dit-elle, mais venait seulement de s'installer, son mari ayant entendu dire qu'il y avait du travail dans le coin. Le sac était rempli du nécessaire pour la maison achetée dans l'après-midi.

Au moment où nous quittions la route et commencions à traverser les champs, je me souvins que nous étions tout à fait seuls. Tout seuls sur la Terre, pour ainsi dire. Un millier de satyres bondissants m'emboîtèrent le pas, ne cessant de m'asticoter de mauvaises pensées troublantes. La périlleuse fascination de la forme vivante et souple de ma compagne semblait se décupler dans ces champs déserts. Comme nous avions déjà parcouru cinq kilomètres, je ne cessais de chercher des yeux un endroit où nous pourrions prendre quelque repos. S'asseoir était hors de question, l'herbe était trempée de rosée. Bientôt, une meule de foin fraîchement coupé encore inachevée apparut dans la lumière incertaine.

« Regardez, dis-je d'une voix innocente, comme si ma requête était d'une grande banalité, voulez-vous que nous nous reposions ? Il me semble que nous serons parfaitement au sec dans cette meule. »

Un silence momentané suivit, un silence rempli d'une attente exquise. Puis elle y consentit, et comme si les mots qu'elle avait prononcés avaient connecté un étrange courant intime entre nous, je compris soudain qu'elle était consciente du non-dit de ma proposition.

Il y avait une échelle contre la meule. Je lui suggérai d'y grimper, ce qu'elle fit, levant l'un après l'autre les pieds sur les barreaux avec une timide docilité.

À chaque retour de juin, l'odeur des foins coupés me rappelle cette scène, l'enveloppante nuit sombre et l'espace infini, tacites complices de mon désir.

Une fois en haut, elle s'étendit sans dire un mot dans l'herbe sèche, où la forme de son corps s'imprima comme dans le nid d'une hase. M'allongeant près d'elle, je tendis doucement la main, touchai la sienne, chaude et tremblante. Elle ne protesta pas. Mon désir devenait irrésistible. J'avais des frissons. M'approchant plus près, je la pris dans mes bras et la caressai, mis en confiance après ce qui semblait un consentement muet. Le doux parfum de son corps intoxiquait mes sens. Dans le ravissement de ce moment de folie, je lui chuchotai à l'oreille des mots doux et menteurs, la regardant au fond des yeux de crainte que son âme n'échappât au pouvoir de ma passion.

À ma stupéfaction, je m'aperçus soudain qu'elle pleurait, pleurait à gros sanglots comme si son cœur allait se briser. À certains moments, nous avons tous des réactions abruptes et dramatiques. Tel fut mon cas : je fus submergé de pitié. L'accomplissement de mon désir me parut ignoble et indigne. Dans le chagrin de cette fille, il me sembla entendre la misère de tous les enfants du monde dont j'avais envie, dans mon paganisme triomphant, de faire mes délices en leur passant sur le corps. Peut-être qu'après tout – ainsi filaient mes pensées – cet univers creux orné de paillettes était vraiment possédé par un idéal que, dans mon triomphant paganisme, j'avais négligé.

Sous l'influence de telles pensées, je lui suggérai, aussi gentiment que possible, de poursuivre notre marche.

Elle ne bougea pas, ne fit que prendre une attitude encore plus abandonnée et plus ravissante. Regardant ce corps ombreux étendu là, je commençai à douter du pouvoir durable de ma résolution. Et si le souvenir de sa peine ne m'avait pas autant touché, j'aurais même été capable de faire durer les choses. Enfin, la prenant par la main, je la fis se lever et, après avoir dégringolé l'échelle, nous avons repris la route, le sac pesant plus lourdement que jamais sur mon dos, pesant douloureusement de tout le poids de péchés non commis.

La fille pleurait toujours et, comme nous traversions, main dans la main, les pâturages du Wiltshire, mon imagination vagabonde me rappela la description de Charles et Mary Lamb marchant, les larmes aux yeux, dans les champs de Twickenham en direction de l'asile[2]. Le sacrifice que nous venions de faire ne nous vaudrait-il pas, à nous aussi, une place en ce lieu ? Bientôt, franchissant un échalier, nous nous sommes retrouvés sur la route menant au village.

Tout était silencieux, à part les bruissements indéfinissables et les murmures de la nuit, et le bruit assourdi

2. Sœur du poète Charles Lamb, Mary Lamb, souffrant de troubles psychiques, poignarda mortellement leur mère, Elizabeth, avec un couteau de cuisine.

de nos pas dans la poussière humide de l'été. Nous avons parcouru la rue vide, « un homme et une femme en retard », les chauves-souris noires voletant au-dessus de nous par télépathie. Elle s'arrêta enfin devant la grille d'un petit jardin, leva les yeux vers moi pour me souhaiter bonne nuit et disparut.

Je fis demi-tour pour prendre le chemin du retour, mais je n'avais pas été bien loin lorsque je fus saisi par l'impulsion de voir de plus près la maison de ma récente et impénétrable compagne[3]. Soulevant avec précaution le loquet de la grille de bois, je me suis glissé à pas de loup dans l'allée du jardin.

« Pourquoi es-tu si en retard, espèce de maudite garce ? » tonnait la voix d'un homme au premier étage.

Plein de méditations ironiques et de regrets troublants[4], j'ai de nouveau traversé ces pâturages de minuit. Discrète et impassible dans un coin, se dressait la meule de foin à moitié achevée et, aux ultimes frontières de l'espace, de nombreux yeux brillants pétillaient de dérision.

3. Dans la première édition : « *the home of my wayward and inscrutable compagnon* ».

4. Pas de regrets troublants ni de méditations ironiques dans la première édition, mais des pressentiments baroques : « *Full of whimsical misgivings I wandered...* »

7.

Un mufle[1]

J'avais terminé mes études à Cambridge depuis deux ans, et j'étais à présent avec ma tante au bord de la mer. En février, l'endroit était presque désert. Nous logions dans l'une de ces maisons qui bordent la côte anglaise et se ressemblent toutes. Cette fois-ci, il n'y avait que les appliques soignées et les gravures de Landseer qui étaient dans la norme, car la servante qui veillait sur nous était sourde et muette.

Nous passions la journée à nous promener sur l'esplanade. Le soir, je faisais la lecture à ma tante jusqu'à neuf heures, après quoi j'étais libre jusqu'à dix heures et demie. Vous pouvez deviner combien cette heure m'était précieuse. Courant comme un fou vers la rive, j'écrasais sous mes pas le sable de la plage et plongeais les mains dans l'eau pour accomplir un rite purificatoire. Là, au bord de l'Atlantique aux vagues salées, avec les étoiles innombrables au-dessus

1. En français dans le texte.

de moi, et les lumières de la ville derrière, je me sentais une fois de plus revivre, j'étais une fois de plus un être conscient sur cette planète assombrie. Les ornements, les photographies poussiéreuses étaient oubliés, de même que l'industrieuse servante seulement capable de répondre aux injonctions en poussant les grognements inarticulés issus du groin d'une truie.

Un soir, en me hâtant vers la mer, je ressentis l'irrésistible envie de goûter à des plaisirs plus tangibles et plus violents. La voûte étincelante des étoiles au-dessus, les sombres promontoires plongés dans l'ombre au-dessous, me semblaient à la fois insipides et décevants. Je voulais autre chose, je voulais plus que de purs délices contemplatifs.

De retour en ville, je me mis à arpenter les rues éclairées avec l'impatiente ardeur de la chasse, la seule grande chasse de la vie – celle d'un homme aux trousses d'une femme – en accélérant le pas.

Avec acharnement, je lançai des regards furtifs sur tous les visages. Partout, dans les recoins noirs, il y avait, serrées l'une contre l'autre, garçons et filles, des ombres fugitives aux prises avec l'amour. J'entendais les murmures, les silences, les rires perlés pleins d'attente. N'y avait-il personne pour moi dans cette ville au bord de la mer ?

Je quittai les rues et gagnai rapidement l'extrémité la plus retirée de l'esplanade. Là, toujours taraudé par le désir, je m'assis. Des pas approchaient. Tendant l'oreille, plein d'espoir, je tournai la tête. C'était une femme. Elle passa rapidement, une canne de marche à la main. Je me dis qu'elle était peut-être aussi à la recherche d'un partenaire, car il n'y a pas que les filles de joie pour désirer un homme par les belles nuits de printemps. Me levant du siège que j'occupais, je la suivis sans en avoir l'air. Elle regardait autour d'elle, ne cessait de regarder autour d'elle. Elle était jeune, je le voyais à son pas rapide et à ses mouvements gracieux. La prudence, je le savais, est essentielle en ces occasions mais, dans le cas présent, elle semblait superflue.

Est-ce qu'une fille non consentante irait se promener dans un endroit aussi retiré sans cesser de tourner la tête ? Elle quitta l'esplanade et s'engagea dans les rues. Je suivais toujours. À certains coins, elle tapotait les pavés du bout de sa canne, comme un signal pour m'indiquer le chemin. Elle tourna la tête, la tourna encore. J'étais maintenant sûr d'elle. Seule une fille en proie aux transes de l'amour se comporterait ainsi envers un étranger qui ne cessait de la suivre. Mais étais-je un étranger ? Mon égoïsme me suggéra qu'elle m'avait peut-être vu, tenu en laisse par ma tante, qu'elle avait remarqué ma jeunesse, mon charme, mon regard impatient et qu'elle avait fait son choix ?

Peut-être qu'elle avait une chambre quelque part, qu'elle donnait des leçons, ou qu'elle était couturière ou fonctionnaire, et qu'elle éprouvait comme moi les tremblements impérieux du printemps, quand les mouettes ne font que crier toute la journée et que les petites feuilles nouvelles dans les haies sont humides et poisseuses. Une fois de plus, elle s'arrêta, cette fois-ci sous une voûte, mais juste au moment où j'arrivai, elle repartit, après avoir toussoté deux trois fois de façon significative et séduisante. Elle me guide, pensai-je, jusqu'à un havre caché aux yeux des hommes.

Nous avons emprunté un chemin désert, l'un de ces chemins creux bordés de boîtes de conserve et de tessons de bouteilles si fréquents dans les faubourgs des petites villes. Elle s'est enfin arrêtée à la barrière d'un champ et c'est là que je l'ai rejointe. Sans un mot, elle a tendu la main, une petite main chaude et amoureuse dans l'ombre.

Ce geste simple me toucha infiniment. Il semblait plein d'une confiance enfantine, rendant le désir semblable à un jeu. Comme si deux enfants en tenue d'été s'étaient rencontrés dans les bosquets du jardin. Je pensai aux bavardages insanes auxquels on se livre en de telles occasions, aux platitudes vulgaires, aux sous-entendus.

Mais il y avait ici une fille – pour moi c'était la première fois – capable d'éviter ces ennuyeux préliminaires, capable de m'attirer à elle sans dire un mot. Après une telle action de grâce et de confiance, je n'allais pas rester de glace.

Je la pris dans mes bras, pressant mes lèvres chaudes sur les siennes, donnant baiser après baiser à cette bouche passionnée.

Imaginez ma stupéfaction quand le corps de la femme chaude que j'étreignais avec ardeur se mit à émettre des sons étranges et inarticulés semblables aux grognements d'une truie. L'explication me traversa l'esprit en un éclair : notre pauvre servante ! Pas étonnant de l'entendre pousser des grognements, comment faire autrement : elle était muette ? Pas étonnant qu'elle tournât sans cesse la tête, comment faire autrement, obsédée qu'elle était par la terreur d'être suivie dont souffrent tous les sourds ?

Rempli de honte et d'embarras, je demeurai aux côtés de cette malheureuse qui continuait à ronronner et à grogner, enivrée d'avoir enfin trouvé quelqu'un pour l'aimer et l'étreindre avec passion.

Nous sommes restés dans cette ville d'eau encore deux mois, aux cours desquels elle ne m'a pas laissé une minute de répit. Toutes mes tentatives d'évasion échouèrent et, le jour du départ, elle avait les yeux rouges à force d'avoir pleuré.

« Partons immédiatement, dit ma tante, cette petite servante a un rhume. »

8.

La Torcol

Dans la masure presque en ruine d'une ferme du voisinage, vivaient un laboureur et ses deux enfants.

C'était une sombre brute affublée d'une tête ronde, et il semblait terrible qu'un être humain fût obligé de vivre sous le même toit que lui. Les gens disaient qu'il avait abominablement maltraité sa femme, ce qu'on pouvait aisément croire en le regardant dans les yeux, qu'il avait sombres, insensibles, sans âme, comme ceux d'un animal de bas étage. Sa femme lui avait donné deux filles, avant de le quitter en mourant.

L'aînée, âgée d'environ onze ans, avait un aspect singulier : des boucles sales comme celles d'un elfe et un long cou étrangement tordu.

À l'école du village, garçons et filles l'avaient surnommée la Torcol à cause de ce long cou tordu, qui leur rappelait une image de cet oiseau bizarre.

Ils avaient commencé par la tourmenter, elle était si différente, si sauvage, si couverte de haillons. Mais un incident mit une fois pour toutes un point final à tout cela. Ils avaient découvert un nid de jeunes grives dans le buisson de sureau en bordure du terrain de jeu.

« Donnez-moi un couteau », avait dit la Torcol.

Et, tenant les oisillons par leurs petits corps globuleux dépourvus de plumes, elle leur avait, l'un après l'autre, coupé la tête.

« Mon Dieu ! quel est ce démon qui s'est emparé de nous ! » semblaient dire leurs yeux exorbités.

Fascinés et silencieux, les enfants faisaient cercle et observaient. La fille au couteau les impressionnait, ils avaient peur d'elle. Cette action incontrôlée l'isola plus que jamais. Elle devint une sorte de paria. Que ne pouvait-elle pas faire avec ces dents blanches, ces longs ongles sales ?

Un peu plus tard, quand la petite sœur fut en âge d'aller à l'école, un primitif instinct de protection s'empara de l'âme solitaire de la Torcol, qui aidait l'enfant à franchir les barrières, à passer dans la boue et mettait de l'ordre dans ses haillons souillés.

Il y avait une énorme colonie de freux juste derrière la masure et, en hiver, ces enfants misérables allaient et venaient avec ces oiseaux en livrée sombre qui, matin et soir, drapaient le ciel d'un crêpe funèbre.

Ils devaient partir tôt pour être à l'école à neuf heures, mais la Torcol était debout et à l'œuvre bien avant cette heure. Il lui revenait de traire les deux vaches maigres.

La faim et les mauvais traitements avaient donné une allure efflanquée et sauvage à ces animaux d'ordinaire si placides. N'ayant plus que la peau et les os, ils se déplaçaient dans la boue en jetant autour d'eux des mauvais regards carnivores. C'est ainsi que Pharaon avait dû voir les sept vaches maigres sortant du Nil[1].

Le fermier et sa femme étaient obsédés par l'avarice tenace, rongeuse, qui s'empare souvent des hommes et des femmes menant une pauvre vie à la surface de la Terre. Qui pourrait dire combien de grosses mottes ils devraient retourner avant d'avoir entre les mains un seul disque d'or ? Il faisait souvent très froid tôt le matin et, quand elle s'asseyait pour traire, la Torcol devait souvent poser des pieds engourdis dans les bouses fumantes. Si les vaches ne donnaient pas la quantité de lait voulue, la femme serait furieuse.

« J'irai le leur tirer moi-même ! » disait-elle.

Ainsi les jours passèrent l'un après l'autre, le soleil se levant et se couchant, les freux allant et venant, à travers printemps, à travers été, à travers automne, à travers hiver, totalement indifférents au malheur de cette enfant maltraitée mourant de faim.

Le père ne lui donnait que quelques sous pour se nourrir et dépensait à l'auberge le reste de l'argent qu'il avait gagné. Presque chaque soir, il revenait ivre, en titubant d'un pas pesant dans le sentier entre les groseilliers rachitiques. Il était alors du devoir de la Torcol de le mettre au lit. Parfois, comme elle s'agenouillait pour lui ôter ses bottes boueuses à embout ferré, il lui donnait un coup de pied vicieux qui

1. Genèse, 41:27.

l'envoyait valser à l'autre bout de la chambre. Elle ne pleurait jamais. Mais, dans le coin du jardin, le grand pin d'Écosse, quand le vent soufflait, se lamentait comme savent le faire ces arbres tragiques qui respirent la mélancolie.

La Torcol dormait avec sa petite sœur en la serrant toute la nuit dans ses bras maigres, sentant un amour sauvage pour cette enfant sans défense dont le destin était de partager son sort dans cette masure sordide.

Et sordide, elle l'était. La misère avait partout posé sa griffe. Tout était immonde, putride, nauséabond, comme une cage ou une niche jamais nettoyées.

Au printemps, la petite fille tomba malade et fut incapable d'aller à l'école. Le docteur dit que si elle n'avait pas plus de lait, elle mourrait. Elle devait boire plus de lait, déclara-t-il. La Torcol eut une idée. Dès que le soir tombait, elle mettait un pot sous son manteau et s'en allait dans les champs, prélevant une dîme dans toutes les fermes du voisinage en se glissant comme un serpent ou un elfe au milieu du bétail à la longue figure étrange. La santé de la petite sœur s'améliora. La Torcol redoubla d'efforts. Sur le qui-vive, les yeux brillants, elle apprit à traîner dans les offices des grandes maisons, à l'affût de tout ce qui était mangeable. Un jour, elle vola la moitié d'un cake dans un placard vitré en passant le bras entre les barreaux – un long bras osseux dépourvu de chair.

Il arriva ceci que le besoin de nourriture devint pour elle une impérieuse nécessité. On ne comprend plus maintenant le pouvoir de cette émotion primitive – l'irrésistible demande de l'être tout entier pour la nourriture de la vie. La Torcol avait une envie folle de viande, de viande rouge fumante. Tel un modèle réduit de jaguar, elle convoitait des yeux le bétail dans les champs. Elle aurait pu sauter sur le dos des vaches et leur planter les dents dans la veine jugulaire.

Cette année-là, l'hiver s'installa tôt.

À la mi-décembre, il fit un froid de canard.

Jour après jour, un vent noir glacial souffla du nord. Autour de la ferme, tout parut plus désolé et plus famélique que jamais. Les freux, le ventre sec et creux, picoraient les labours gelés. Les créatures à fourrure se déplaçaient avec raideur et, à la simple vue de l'homme, les vaches levaient un museau glacé en poussant de suppliants meuglements. Les gens se demandaient si le redoux viendrait jamais. Le sol paraissait mort, paralysé, pris dans un étau. À l'air, toute humidité gelait instantanément. Dans la barbe des vieillards, les glaçons tintaient.

Sous un ciel maussade, la Terre titubait à travers l'espace – une chose morte, perdue pour le Soleil.

La veille de Noël, la Torcol se rendit au village. Elle en revint vers six heures du soir. Les rues étaient désertes, mais de chaque cottage s'élevait un murmure constant, comme s'il n'y avait pas de cottages mais d'immenses ruches au toit de chaume de chaque côté de la route. De la dernière maison flottait une odeur de viande en train de cuire. Une sensation inconnue parcourut le long cou de la Torcol. Elle montra les dents et gronda. Était-elle en train de devenir folle ? Le froid avait-il mordu les cellules de ce cerveau distendu ?

Désolée et à l'abandon, la route était noire devant elle. Puis, de l'obscurité, les flocons de neige commencèrent à descendre. Elle continua en trébuchant et, à l'orée d'un champ, il lui sembla entendre le faible cri tremblant d'une chose vivante. De même qu'une renarde en chasse change de chemin en entendant le cri d'un lapin effrayé, la Torcol se dirigea sans hésitation vers l'endroit.

Là, au coin d'une meule, dans une niche de foin, elle découvrit un bébé. Des gitans avaient campé quelques heures plus tôt dans un chemin creux et abandonné l'enfant « non désiré », qui allait mourir de froid le soir de Noël.

Trois heures plus tard, la Torcol, assise près d'un feu pétillant, surveillait un ragoût. La table, derrière, était préparée pour un repas. Le père était assis à une extrémité, la petite sœur à l'autre. Les maigres flammes écarlates léchaient la marmite noire, qu'elle enleva de la plaque.

Puis, comme lors d'un autre festin tragique du temps jadis, père et fille partagèrent le plat savoureux[2]. Hélas ! Il ne leur poussa pas de plumes – ni huppe, ni hirondelle, ni faisan au poitrail cuivré ne s'envolèrent, radieux et l'aile légère, de la table du festin.

Le lendemain, la mère revint chercher le bébé. « Au moins, se dit-elle, je pourrai l'enterrer. »

2. Ovide, *Métamorphoses*, « Philomèle et Procné ».

Elle trouva l'endroit : le nid était vide. Dans la neige, elle trouva les traces de pas d'un enfant. Elles menaient à la masure.

Une semaine plus tard, on emmena la Torcol. La petite sœur mourut de faim avant le retour de l'été.

9.

La nourriture de l'homme

Le marché commençait à se vider. Les transactions les plus importantes avaient été conclues. Les fermiers s'étaient attablés pour la dernière fois dans les buvettes du voisinage. Des hommes durs, à la voix forte, qui connaissaient la réalité et aimaient ça.

« C'était un sacré bon prix pour ton bestiau », observa un homme anguleux, de haute taille.

Posant son verre, son compagnon claqua des lèvres afin de ne pas laisser perdre une seule goutte d'alcool bon marché brûlant avant de répondre : « Oui, un sacré bon prix. » Il parlait comme un paysan matois soucieux de cacher sa bonne fortune, avant de se risquer à commenter : « Une bonne bête qu'a jamais raté un veau et une bonne laitière aussi. Jamais vu une bête engraisser plus vite, sans compter qu'elle va être sacrément bonne pour la viande, par-dessus l'marché.

— Ça, pour être vrai, c'est vrai. On pourra en tirer autant d'viande qu'on voudra, lança un autre fermier.

— Et une vraie bonne bête aimante avec ça, poursuivit le propriétaire. J'me rappelle la première fois qu'on lui a pris l'veau, elle a pas cessé de nous casser les oreilles et de faire le cirque pendant toute une semaine et, pas plus tard que l'an dernier, quand on l'a menée au marché, pas plus tôt arrivée à l'orme du tourniquet, v'là pas que mon gamin se tourne vers moi et qu'y me dit : "R'garde par là, p'pa, v'là la vieille carne qui s'radine !" Et pour sûr, l'était en train de manquer de tomber dans la boue ! Et on a eu beau cogner d'ssus, cogner d'ssus tant qu'on a pu, pas moyen de lui faire quitter l'endroit où que son cœur était tendrement attaché. »

Pendant ce temps, le sujet de cette conversation, une grosse vache blanchâtre, était emmené hors de la ville.

Elle avait été vendue à un boucher de campagne qui vivait huit kilomètres plus loin. L'animal, qui n'avait jamais quitté la ferme où il était né, en avait conçu cet attachement tenace qui perturbe la conscience obscure des bêtes.

Les longues heures placides de son existence s'étaient imprimées en elle – heures d'été quand, immobile à l'ombre d'un endroit frais, elle chassait les mouches à petits coups de queue, heures d'hiver quand le bétail était gardé à l'intérieur, une chaîne brillante autour du cou, mâchonnant des biscuits et du foin odorant. Et voilà qu'elle avait soudain été emmenée au marché, parquée dans un étrange enclos blanc pour être finalement traînée sur l'estrade des enchères, entourée de tous côtés par une foule hurlante et nauséabonde. S'en allant maintenant, elle ne cessait de tanguer d'un côté de la route à l'autre, faisant parfois de vains efforts pour franchir les haies et poussant continuellement des meuglements lamentables. Armé d'un bâton noueux, un jeune boucher marchait derrière et, chaque fois que la vache faisait un écart, il la battait et la houspillait pour la faire marcher droit.

À chaque bastonnade, la vache blanche se mettait à courir sur la route, faisant curieusement résonner la corne de ses sabots. On était en août, elle prit un coup de chaleur. De longs cordons de bave se mirent à lui couler du mufle. Elle avait déjà l'air harassé d'une vache menée de force et la placidité qui lui était naturelle avait presque complètement disparu. C'était maintenant un animal tout à fait différent du ruminant pacifique qui avait si longtemps brouté dans le calme les pâturages de la ferme. Plus elle avançait, plus elle devenait furieuse et plus elle redoublait d'efforts pour rebrousser chemin. Cependant, les coups de trique faisaient leur œuvre et s'abattaient régulièrement sur l'os de ce long museau étroit. Affolée par les coups, elle fila soudain dans un chemin de traverse, le garçon aux trousses. Le chemin tournant court, elle fut une fois de plus reconduite sur la route. Elle pénétra dans une cour de ferme, pour le seul bénéfice de rencontrer d'autres hommes armés de gourdins. Le garçon se mit en colère.

« Elle mourra pas d'un seul coup, j'parie ! » hurla-t-il en repartant[1].

1. Dans la première édition, la saillie du garçon boucher est accueillie « par une volée de rires bruyants ».

La force et l'instinct la poussaient à retourner au bercail, tout en sachant qu'elle ne faisait que s'en éloigner, sans cesse menée plus loin, toujours plus loin. Elle commença à devenir dangereuse, ruant de tous côtés plus furieusement que jamais. Les choses devenaient sérieuses et le garçon boucher ne la lâchait pas d'une semelle. Un cycliste apparut et fut renversé. Quand ils dépassèrent une autre ferme, le commis demanda à deux hommes de venir l'aider. Il n'avait plus qu'un kilomètre et demi à parcourir. Passant des cordes autour de la longue tête, ils continuèrent à encadrer la vache. Elle était devenue « folle », dirent-ils. Sentant la contrainte des cordes, dans une ultime tentative, elle s'affala au milieu de la chaussée de toute sa masse. Impossible de la faire bouger. L'abattoir était à moins de cinq cents mètres. C'était exaspérant. Les hommes lui flagellèrent les pattes à la trique, lui cognèrent sur la tête à coups de bâton. Ils ne touchèrent pas au reste du grand corps pour ne pas abîmer la viande. Ils lui tordirent la queue jusqu'à faire craquer les cartilages. Rien à faire. Elle gisait là, un étrange regard dans les yeux – un air préoccupé, plein d'obstination[2]. Elle pantelait, et la force de la respiration faisait voler la poussière accumulée sur la peau.

Comme toujours en de pareilles occasions, un attroupement se forma. Les nouvelles se répandirent dans le village qu'il y avait une vache « folle » – garçons et filles arrivèrent en courant. Entourant l'animal par groupes, ils s'enfuyaient dans les haies en riant et en poussant des cris chaque fois

2. Dans la première édition, « *an obstinate, preoccupate, dangerous look* ».

qu'il bougeait. Le boucher en personne finit par arriver, mais même son expérience ne servit à rien. Alors, de la poussière de la route monta un son terrible[3]: *la vache blanche avait commencé à hurler*. Un étranger de passage fut tellement horrifié par le cri qu'il s'approcha de la foule:

« Que se passe-t-il avec cette pauvre bête ? » demanda-t-il.

Personne ne répondit. Il répéta la question. Le boucher finit par s'avancer.

« Elle fait la forte tête, monsieur, voilà c'qu'elle fait. »

À ce moment-là, apparut un chariot emprunté à la gare, la lourde carcasse y fut hissée et, avec d'obscènes cris de triomphe, poussée jusqu'à l'abattoir[4].

3. Dans la première édition, « *a terrible, heart breaking sound* ».
4. La scène impressionna tellement Llewelyn Powys qu'il en donna un peu avant de mourir une seconde mouture au chapitre XIV de *Love and Death*: « C'était un cri rauque, révoltant, surnaturel, le genre de mugissement d'angoisse, perçant et guttural, qui aurait pu s'échapper des lèvres du centaure Chiron lorsqu'il sentit la flèche de son élève favori lui percer le sabot jusqu'au vif, ce qui fit hennir et hennir encore le vieux maître d'école sous le sorbier d'un pâturage de montagne pour que cessât un instant la malédiction de l'immortalité. »

10.

Une mort

Et celui qui n'est point un oiseau ne doit pas s'établir au-dessus des abîmes[1].

Mon frère est mort hier et maintenant que je suis en train d'écrire dans le petit salon, il y a, en suspens dans la maison, cette vague odeur indéfinissable qui envahit les domiciles humains en présence de la mort. C'est toujours la même chose : un vieil homme meurt, une femme, un enfant, et immédiatement un silence palpable descend sur toutes choses, les gens vont et viennent à pas furtifs comme des spectres, et les horloges à face de lune elles-mêmes semblent retenir leur souffle.

Je suis resté assis près de mon frère jusqu'à la fin : la rosée grise de la mort lui a embrumé le front et il a eu les membres secoués de convulsions.

1. Friedrich Nietzsche, « Des sages illustres », *Ainsi parlait Zarathoustra*, II, traduit de l'allemand par Georges-Arthur Goldschmidt, Paris, Max Milo Éditions, 2006, p. 120.

Ses derniers mots : « Nous deux, c'est une chance qu'on se soit rencontrés. » Quelques minutes plus tard, sa mâchoire est retombée comme une mécanique détraquée.

Le laissant avec la vieille gouvernante, je suis sorti dans la nuit. La lune s'était levée et la terre, verdoyante en été, apparaissait étrangement irréelle sous cet éclairage spectral. Je marchais d'un pas rapide, comme on le fait lorsque l'on tente d'assimiler une expérience inattendue et douloureuse. Nous deux, nous ne nous étions jamais quittés depuis l'enfance, sacralisant chaque incident de la journée : allumer les bougies, préparer les repas – vin rouge et pain de campagne –, se réveiller le matin… en hiver, quand les freux noirs venaient battre des ailes contre les fenêtres embuées de gel, et au printemps quand les oiseaux chantaient si fort que l'on avait peine à croire qu'ils étaient des oiseaux. Maintenant il était mort, raide mort comme un chien, dans la chambre du haut.

Même la campagne, qui nous était si familière, me semblait, dans la fièvre de l'imagination, compatir à ma peine, tellement silencieuse et grave, comme si fleurs, herbes, frondaisons avaient vraiment conscience du dernier rétablissement de la loi tragique qui régit le destin des hommes.

Sûr d'être sous l'emprise d'un sort fatal, j'ouvris le porche du cimetière et entrai dans ce champ peuplé de tombes.

Nous y avions passé de nombreux moments. Faibles et forts, enveloppés de brume dorée, de lointains souvenirs m'ont traversé l'esprit – matins brillants d'avril, avec la terre alentour sensible et tremblante, après-midi de novembre avec le chaste éclat du solstice d'hiver sur la maçonnerie de l'église. Nous avions aimé flâner là, tous les deux, et, sous cet arbre maintenant très noir contre le ciel, nous asseoir et nous faire la lecture en commençant à comprendre, au milieu des minuscules fruits rose-rouge éparpillés autour de nous, l'indicible privilège d'être simplement sur terre. En face de moi, comme un énorme crapaud, l'église trapue, médiévale, accroupie au milieu des tombes, à ce qu'il me semblait, immonde dévoreuse de cadavres attirant tous les hommes, l'un après l'autre, dans son insatiable ventre de poussière. Le corps de mon frère, si noble à mes yeux, si beau, devait-il lui être livré ? D'ici une semaine, me dis-je, il aurait déjà passé là des heures. La fin de l'homme est une chose terrifiante. D'un pied léger, un éclat divin dans les yeux, il foule les champs de blé de la terre pour finir allongé sur le dos dans la puanteur de la putrescence.

Quel dieu minable aurait pu avoir l'insolence d'imaginer une fin aussi ignominieuse ? Quel dieu vraiment ?

M'appuyant contre une tombe du dix-huitième siècle, il me sembla voir jusque dans les entrailles de ce cimetière. D'innombrables êtres humains gisaient là, prostrés, nauséabonds, enveloppés de suaires sentant le moisi. Des femmes obèses regardaient fixement l'argile au-dessus d'elles avec des yeux aveugles sans paupières. Des cadavres d'hommes, raidis, les bras croisés, ricanaient de plus en plus ouvertement à mesure que, des faces noircies[2], la chair couverte de poils

2. « *From their blackened mazzards* ». *Mazzards* en anglais : « merises ». En patois du Dorset : tête ou face. Cadavre (exquis) : les merises noirciront comme les faces des morts.

s'en allait en lambeaux, et, en petits tas, ici et là, reposaient les os des enfants, lisses et blancs comme les galets de la mer. Avec une telle vision de l'ignominie mortelle devant les yeux, tout espoir de communiquer de nouveau avec mon frère disparut. Ma croyance en l'annihilation se présenta avec toute la force d'une conviction absolue. Comment, à la manière de la pauvre humanité crédule et gonflée d'importance, continuer à imaginer d'autres sphères et royaumes conçus dans le seul but de conserver leurs pitoyables personnalités ! Pour quelle raison, me demandai-je, la nature devrait-elle faire pour l'homme cette vaste et scrupuleuse économie ? La nature, en toutes choses si prodigue, si généreuse, répandant sans compter le soleil source de vie à travers le vide des espaces immenses, guidant délicatement jusqu'à l'ultime extinction la moitié de ses créatures.

Les derniers mots de mon frère : « Nous deux, c'est une chance qu'on se soit rencontrés », une phrase digne d'un Romain. Pas de pleurnichements pour implorer l'indulgence divine, pas de tentative pour se raccrocher à d'impossibles espoirs. Et si le monde n'avait pas de but, mais n'offrait aux élus, aux appelés, qu'une série de sensations à expérimenter au cours d'un passage inconséquent ? Cela devrait-il nous chagriner, nous, les têtes couronnées des animaux vivants ? Si nous sommes aujourd'hui privés de maître, devrons-nous broyer du noir et nous faire de la bile, nous qui aimons si chèrement la liberté et l'indépendance ?

« Mais, s'écrient les esprits faibles[3], c'est effrayant de penser que toute l'expérience consciente de la vie se réduise à néant, une chose molle, pourrissante, dans un objet oblong. »

Laissons-les pleurer. Pour nous, la crainte de la mort ajoute une saveur, un piment à la vie – la seule vie qui compte. Nous en acceptons les termes, ils font nos délices. L'orgueil même de l'homme est d'être mortel : c'est ainsi – et seulement ainsi – qu'il devient une figure héroïque sous le soleil.

Nous, seigneurs de la vie, nous vivons avec toute l'ardeur, tout le ravissement insensé de ceux qui sont sans illusions, car nous sommes certains, au fond du cœur, que l'existence n'a pas de sens ultime[4]. La vie pour l'amour de la vie, le tourment pour les malades et les malheureux !

La mort est effrayante, mais croyez-vous que, sans elle, on pourrait goûter une telle extase en plongeant les mains dans l'eau salée de la mer[5] ?

Non, pour les privilégiés, la mort est une amie. Pour les malades et les souffre-douleur, sûrement pas une ennemie.

Une fois rentré à la maison, j'ai congédié la gouvernante et me suis assis à côté du corps de mon frère. Une phalène, je m'en souviens, une brillante phalène argentée, après être entrée dans la lampe, est retombée sur la table de chevet

3. Dans la première édition, « *cry the anaemic and meek hearted* ».
4. Dans la première édition, « *because we are certain in our hearts that horror is the soul of the plot* ».
5. Dans la première édition, ajout : « en plongeant les mains dans l'eau salée de la mer ou en s'asseyant aux tables recouvertes de linge dans les villes lumineuses du monde ».

pour agonir en voletant. Une autre s'est enfuie dans la tendre obscurité odorante du jardin.

Peu à peu, dans sa révolution diurne, cette partie de la terre a capté la lumière du soleil dont l'éclat s'est répandu dans la chambre, sur les livres familiers, sur les géraniums dans l'embrasure de la fenêtre et sur le visage couleur de cendre étendu là, fier, lointain, dédaigneux.

LE RIRE NOIR

dédié à
ALYSE GREGORY
dont la lumineuse nature dorienne
est l'exact contraire
de tout ce qui est barbare

Prologue de l'auteur

En écrivant sur l'Afrique, j'avais dans *Ébène et Ivoire* un but plus littéraire, plus esthétique que personnel. Dans le *Rire noir*[1], j'ai tenté de faire partager une approche plus intime et plus immédiate des événements de tous les jours dans un environnement étranger et de leur empreinte sur une nature réceptive. Il va évidemment de soi que l'instinct esthétique a joué un rôle dans la présentation et l'arrangement du matériau, mais j'espère avoir supprimé tous les effets de style

1. Il existe de ce texte une traduction (2012, Les Perséides) signée Christiane Armandet et Anne Buneau, pas toujours acceptable, souvent terreuse et par endroits grinçante comme les articulations d'une vieille fille calcaire. Par exemple, au chapitre intitulé « Sécheresse », à propos d'un hippopotame. « mais bien que j'expédiai une balle dans son corps bombé, il retourna au lac. » Et ce n'est pas fini : « Bien que je trouvais ennuyeux, d'avoir, matin et soir, à démonter... » ainsi de suite *ad libitum*.
À signaler sur la quatrième de couverture une inoffensive coquille, le « l » de plantation, soufflé par un obus, et une bourde qui explose à la façon d'une grenade offensive : « Chargé de la surveillance des fermes, d'abord celle de son frère, Theodore, qui sera mobilisé durant son séjour pour aller combattre les troupes coloniales allemandes... » Le lanceur de grenade est évidemment Theodore Powys qui, de sa vie, n'a jamais voulu quitter le Dorset et se venge ainsi sur l'âne bâté qui l'a expédié au Kenya combattre l'Afrika Korps !

afin de faire partager au lecteur la saveur forte et crue de la peau – si j'ose dire – de ce continent sinistre, débarrassé de tout artifice littéraire. Cependant, heureusement pour tous, les expériences passées, même les plus amères, perdent une grande part d'angoisse quand on les revisite. Une certaine aura de romance – l'un des legs les plus heureux du temps – cerne les plus beaux souvenirs, tandis que le reste tend à être oublié. Pour des raisons évidentes, il m'a été impossible d'être plus explicite en ce qui concerne les personnalités et les lieux auxquels il est fait référence. Les histoires déjà publiées dans le *New York Evening Post* sont reproduites à l'identique dans ce volume, et je remercie les éditeurs de ce journal de permettre qu'elles soient republiées ici. Le récit de la mort de mon ami Merishu a paru il y a quelque temps dans *The Freeman*.

Llewelyn Powys

I.

Ombres en damier

Il était presque minuit et le petit train de l'Ouganda qui, depuis un jour et demi, traversait en se traînant le vaste haut plateau de l'Afrique de l'Est approchait de la gare qui, pendant cinq ans, allait me relier au monde civilisé. Il n'y avait pas de charbon dans le pays. Les chaudières de la locomotive étaient alimentées au bois et, assis à la fenêtre assombrie du wagon, j'observais les étincelles disparaître en scintillant dans les ténèbres veloutées de la nuit africaine. Certains fragments lumineux disparaissaient sans perdre leur éclat, d'autres montaient ou descendaient en flottant, et tandis que je suivais des yeux leurs mouvements erratiques, mes pensées en ébullition se chargèrent d'étranges appréhensions.

Ces feux follets dansant avec une impatiente futilité sur les profondeurs mystérieuses de la nuit noire, se mêlèrent bizarrement aux conceptions de la vie qui avaient peu à peu pris naissance dans mon esprit. Les nations et les individus étaient comme ça… Ils entraient d'un bond dans l'existence, vacillaient, retombaient dans l'oubli, et ne demeurait derrière eux que la sombre réalité, inconnue et sans limite. En réalité, il était probable que les intelligences humaines qui avaient le privilège de fouler le sol terrestre au cours du mois de septembre menaçant de l'année 1914, étaient troublées par un semblable pressentiment d'insécurité. Les lointains échos des canons que j'avais entendus au moment où le paquebot de l'Union Castle quittait le port de Londres avaient laissé une effrayante et sombre vibration, dans les crânes confondus des Blancs, des Noirs et des Jaunes. Et pendant que ma race faisait, comme les autres, trembler la croûte terrestre sous de barbares et diaboliques assauts, j'étais là, ballotté par une hasardeuse et indifférente destinée au cœur du seul continent encore inexploré, à peine tiré de la dangereuse somnolence de sa condition primitive.

Le train s'arrêta. J'étais arrivé à destination. Je voyais des lumières et une sorte de cabane qui ressemblait à une gare à peine visible derrière une demi-douzaine d'arbres nouvellement plantés. Traînant mes bagages hors du wagon, j'attendis au bord de la voie ferrée. Quelques cris dans une langue inconnue, et les voitures poursuivirent en cahotant leur chemin en direction du Grand Lac.

M'attendant à la présence de mon frère Willie, j'aperçus une silhouette près de la cabane et m'approchai d'elle. C'était le chef de gare hindou qui me dit, dans un mauvais anglais, qu'il n'avait pas vu mon frère, me conduisit jusqu'à un abri carré en bois, une centaine de mètres plus loin, et m'informa que je pourrais y dormir. Destiné aux voyageurs arrivant de nuit, ce refuge, une fragile construction de planches recouverte de feuilles de tôle ondulée, contenait un lit de fortune dans un coin, mais le reste de la pièce, à l'exception d'une lanterne, n'était pas meublé. Le bonhomme une fois parti, j'allumai la lumière et m'allongeai couvert de mon grand manteau, laissant la porte ouverte de façon à pouvoir scruter la caverneuse noirceur de l'Afrique. Pendant un moment, l'excitation m'empêcha de dormir. Je ne voyais absolument rien, mais durant les heures de tension passées dans ce réduit, le poids et l'immensité de ce monde étranger me pesèrent sur la conscience. Je savais pertinemment que cette ouverture oblongue d'un noir d'ébène ne donnait ni sur des allées de chèvrefeuille, ni sur des vergers rêveurs, ni sur des terrasses bien abritées, comme celles qui m'avaient entouré depuis l'enfance, mais sur des milliers et des dizaines de milliers de kilomètres de terres herbeuses sauvages, interrompues par de gigantesques montagnes glaciaires, des lacs stagnants ou d'impénétrables forêts, et habitées non par de simples paysans d'origine saxonne, mais par des hommes noirs nus, en ce moment endormis près des cendres blanches d'une myriade de feux de camp, une lance à portée de main.

Je m'assoupis enfin, mais pas pour longtemps. Soudain, je me retrouvai assis, raide comme un piquet, sur les ressorts grinçants du lit. J'avais certainement entendu quelque chose. Je tendis l'oreille. Ce n'était pas le murmure ininterrompu des insectes au-dehors qui avait pu effrayer mon subconscient. Alors un simple tour de l'imagination, un cauchemar, comme j'en faisais parfois quand, dormant à la belle étoile, par une nuit d'été, dans le jardin de la maison, se mêlait à mes rêves l'aboi sorcier d'un renard glapissant dans les ombres inégales et fraîches de la haie d'un champ de foin ? Je ne saurais le dire. J'attendis. Puis je l'entendis de nouveau. Cette fois-ci il ne pouvait y avoir d'erreur – un grondement assourdi, comme un lointain coup de tonnerre, qui éclatait et mourait au loin en poussant un soupir. Aussi éloigné qu'il fût, ce grondement avait une telle force et un tel volume que l'on avait la sensation que la voûte du ciel nocturne en retenait la vibration, longtemps après l'extinction de tous les échos Et quelle menace dans ce rugissement ! Je me levai en toute hâte et fermai la porte, mais, même ainsi, il me fut impossible de dormir. Je ne cessai de tendre l'oreille pour entendre de nouveau ce bruit. Je n'eus pas à attendre longtemps, et maintenant il me parut beaucoup plus net. Pris de panique, je compris pour la première fois l'inestimable avantage de vivre derrière des murs de pierre et de brique. Le son fut répété à de courts intervalles pendant une demi-heure, les grondements gutturaux chaque fois plus proches. Il était évident que le lion s'approchait de la gare et, plus le temps passait, plus la confiance que j'avais en ce frêle abri de bois diminuait régulièrement. Je me souvenais d'avoir entendu dire que les lions n'entraient pratiquement jamais dans une habitation humaine. Seulement une fois sur mille. À mesure que les minutes défilaient, je me mis en tête que, né sous une mauvaise étoile, j'allais être un exemple de cette malheureuse exception. Je me sentais comme une souris, une petite souris grise affolée, prise au piège, épiée par un énorme chat tigré qui s'avançait inexorablement vers elle. Maintenant j'entendais vraiment le lion qui se promenait comme une vache ou un cheval. J'entendais son souffle. J'étais toujours assis en silence de crainte d'attirer son attention. Je me demandais ce que j'étais venu faire dans ce pays et, du fond du cœur, j'envoyais au diable l'Afrique de l'Est.

Enfin, tout redevint une fois de plus silencieux. Lentement les heures s'écoulèrent avant le lever du jour. Je m'approchai de la porte, l'ouvris et jetai au-dehors un regard soupçonneux. À part la voie ferrée et une grande étendue d'herbe poussiéreuse et brune, il n'y avait rien à voir. Je fis quelques pas et me dirigeai vers la gare. Le fonctionnaire hindou, la tête coiffée d'une sorte de turban, regardait par une étroite fenêtre. Je lui demandai s'il avait entendu le lion

« Oui, dit-il, je l'ai entendu. Lui venir toutes les nuits, lui lion poli, ne jamais blesser personne, boire l'eau au réservoir. »

C'était tout à fait exact. De l'endroit où j'étais, j'apercevais, miroitant sous les rayons obliques du soleil, une mare remplie par le surplus d'une énorme citerne placée près des rails pour servir de réservoir aux engins. Je m'approchai pour inspecter l'endroit. La mare s'étendait au pied d'un petit remblai et je voyais l'endroit où l'animal s'était tenu pour étancher sa soif. Dans toutes les directions, le sol humide au bord de l'eau avait reçu l'empreinte d'énormes coussinets. J'avais été habitué à voir les empreintes des sabots du bétail ou des chevaux, celles des chiens, à l'occasion celles d'un blaireau, mais les énormes traces rondes et plates que je contemplais me procuraient une sensation très bizarre.

Le soleil était maintenant au-dessus de l'horizon et, tout en sirotant sous un acacia une tasse de thé apporté par l'Hindou, je laissai mon regard errer sur les alentours immédiats. Je découvris qu'il y avait, outre la gare, d'autres habitations quelques centaines de mètres plus loin : un groupe de huttes basses appartenant à d'autres Asiatiques. Je les voyais ouvrir des volets mal ajustés sous les yeux inquisiteurs d'une demi-douzaine d'indigènes qui, vêtus de haillons européens, traînaient dans les parages avec un air d'impertinente nonchalance.

Au-delà de cette vignette africaine, qui avait déjà pris cette netteté sans ombre qui appartient aux tropiques, il y avait une mauvaise route qui se perdait au milieu des broussailles. À la lisière de cette campagne broussailleuse, se dressaient deux ou trois gigantesques cactus donnant au paysage un aspect des plus grotesques. On eût dit des sentinelles, pourvues de mille mains palmées, placées là pour avertir les Européens et leur faire comprendre les dangers mortels tapis partout dans le pays. Des années plus tard, ces arbres étranges, chaque fois que je passais devant eux, ne manquaient jamais de faire revivre en moi les sensations que j'éprouvai ce matin-là. Cette verdure anormale et ces troncs écailleux comme le corps d'un python suggéraient en eux-mêmes une origine angoissée complètement étrangère au calme et à la réserve que l'on associe aux paisibles futaies d'Angleterre. Ce fut, cependant, sur le damier d'ombres projetées par ces plantes africaines, que la silhouette de mon frère, quelques instants plus tard, apparut soudain.

2.

L'arbre aux pendus

À cette époque-là, mon frère[1] s'occupait d'une exploitation agricole dans les hautes terres menant à Laikipia. Il vivait dans une petite maison de pierre construite par un maçon hindou. En façade, la véranda surplombait deux cents acres de terre arable où poussaient pois, pommes de terre, orge et lin. La ferme miniature était bordée d'un côté par l'étendue broussailleuse du veld, de l'autre par une forêt, aussi loin que portait la vue, jusqu'au pied d'un escarpement élevé. On était surpris de tomber soudain sur cette oasis cultivée au milieu d'une contrée toujours vierge.

Vers le soir, quand les brumes des pluies légères s'infiltraient dans les champs de pois et de pommes de terre, ou restaient en suspens autour du cône brun des meules de lin, le paysage prenait un aspect étrangement familier. Cependant, en même temps que ces impressions

1. Il s'agit évidemment de Willie, le benjamin des frères Powys.

familières, en venaient d'autres, suggérant de façon inquiétante des forces hostiles aux menées de l'homme. Il suffisait de faire un pas en dehors du petit jardin de géraniums que mon frère avait conçu et planté autour de la maison pour se retrouver dans une jungle sombre, exubérante, inexplorée depuis des milliers d'années. C'était, pour ainsi dire au seuil même de la maison, cette juxtaposition abrupte de douceur et de sauvagerie qui portait sur les nerfs et procurait une incessante sensation de malaise. On se sentait, avec la poignée de serviteurs noirs, simplement tolérés – comme si, à n'importe quel moment, par un simple caprice, les cèdres majestueux à la barbe maléfique pouvaient conspirer avec les lianes parasites aux longues griffes pour annihiler le travail accompli et réaffirmer leur ancien empire. Et, durant mon séjour dans cette ferme des hauts plateaux, il ne s'est pas écoulé une heure sans que j'éprouve cette sensation et j'ai fini par comprendre ce que signifie vivre dans un lieu où la nature règne en maîtresse.

Je m'asseyais dans un coin ombragé de la véranda, observant les colibris papillonner autour des corolles vivement colorées des fleurs qui, dans toutes les directions, s'épanouissaient avec passion sous l'impitoyable soleil tropical, avant de prendre soudain conscience que j'étais épié et que, derrière le treillis, ou la corolle d'une capucine de la taille d'un mammouth, un très vieux caméléon hagard me lançait des coups d'œil intelligents et cyniques. La nuit, c'était encore pire. Dès que la lune plate de l'équateur illuminait de miel cette impénitente partie de l'écorce terrestre, l'âme de l'Afrique prenait forme. Les hyènes ricanaient en suivant furtivement les berges obscures des ruisseaux, humant la mort de leurs puissantes mâchoires obtuses. Les troncs pâles des arbres de la forêt vibraient en faisant écho aux grondements des léopards. Dans l'extase de l'attente, les chacals jappaient dans l'étendue du veld. Dans les festons des arbres, les damans criaillaient ou couinaient en se répondant et, dans les minuscules crevasses des vieilles souches, les criquets d'Afrique donnaient étrangement de la voix. Souvent, la nuit, quand on allait chercher de l'eau à la citerne, derrière la maison, on arrivait à peine à s'entendre, tellement l'immense continent était devenu sonore, un continent tout le jour plongé dans un morne sommeil sous les rayons hypnotiques d'un soleil mauvais, pour ne se réveiller qu'au mitan de minuit et devenir si sauvage, si impitoyable, si dangereusement volubile.

Chaque matin, je passais une heure ou deux à apprendre le swahili avec mon serviteur kikuyu, Kamoha. Extrêmement intelligent, il ne m'a pas quitté, tant que je suis resté en Afrique.

L'après-midi, j'accompagnais mon frère à la chasse. On traversait le ruisseau de montagne qui nous séparait de la forêt, un ruisseau dépourvu de poissons qui courait paresseusement à travers des trous d'eau noirs sur le lit de fer de roches volcaniques. À intervalles réguliers, le long de la berge, la densité de la forêt était brisée par d'étroites coulées fréquentées par le gibier, menant à tel ou tel trou d'eau qui, jour et nuit, recevait la visite de cent mâchoires assoiffées, de cent museaux assoiffés, de cent gueules assoiffées. Dans chaque endroit, si on les cherchait, on trouvait des os blanchis, témoignant des innombrables tragédies animalières qui s'étaient déroulées dans ces terribles pièges mortels. Parfois, la boue humide près de l'eau portait la trace de sabots pointus, parfois les empreintes aux longs ongles des singes, parfois celles, lourdes et rondes, des carnivores. Nous suivions l'un de ces sentiers dans les profondeurs de la forêt. De chaque côté, le sol meuble était recouvert par des masses de fougères. Mon frère était sur le qui-vive, guettant le passage d'un guib[2], et quand l'un de ces petits animaux vigoureux et tenaces tombait, fauché par une balle, quelle clameur alentour ! Les perroquets verts hurlaient, les singes colobus[3] sautaient de branche en branche en poussant des clameurs de protestation et les grands dindons sauvages aux ailes blanches décrivaient des cercles au-dessus des cimes.

Ensuite nous commencions à escalader l'escarpement, grimpant de plus en plus haut dans le sentier glissant couvert de racines, pour enfin retrouver la lumière du jour. Au sommet, quelle vue ! Des kilomètres et des kilomètres d'un moutonnement ininterrompu seulement brisé par des rivières aux berges verdoyantes, les oseraies du lac El Bordossat hanté par le démon se perdant au loin sur les pentes des monts Aberdare noircies par le soleil de l'après-midi.

Combien de fois, assis au bord de la falaise, ai-je vu zèbres, gnous, autruches traverser les plaines jaunes loin

2. Antilope d'Afrique dont les mâles ont des cornes un peu spiralées.
3. Singes d'Afrique appelés colobes noir et blanc (*kolobos* en grec signifiant « mutilé », ils se distinguent par l'absence de pouce).

au-dessous. Parfois la forme noire, tubulaire, reconnaissable entre toutes, d'un rhinocéros avançant lentement, d'un pas tranquille, vers quelque refuge de verdure. Ayant découvert une corniche abritée, j'y passais des heures, stupéfait par ce que je voyais. Cette corniche était située près d'un olivier mort aux branches dénudées et tordues, les plus hautes abritant des nids ronds de fourmis qui avaient l'apparence et la taille d'un crâne humain. Je voyais cet arbre aux pendus à plusieurs centaines de mètres de distance et, une fois dans cette niche, la vie sauvage de l'endroit continuait comme si je n'étais pas là. Les oréotragues[4] bondissaient de rocher en rocher ou, dans l'attente, se tenaient en équilibre sur leurs pattes raides et délicates. Les damans détalaient de fissure en fissure. Aigles et éperviers à poitrine blanche[5] tournoyaient, intraitables, dans le ciel clair en poussant des cris étranges.

Confronté à des aspects de la vie pour moi si peu familiers, si différents des pâturages à moutons et des prairies à bestiaux, le paysage de granges aux toits de chaume de mon pays natal, au-dessus desquelles, en automne, tournaient les freux aux ailes déchiquetées, il me semblait que, par quelque intervention surnaturelle, il m'avait été donné de contempler la sphère terrestre telle qu'elle était apparue au moment où, tout juste façonnée, elle s'était mise à tourner sur son axe.

Puis, au moment où le disque du soleil déclinait à l'horizon, je rentrais en hâte, anxieux de franchir la ceinture de la forêt

4. Petite antilope africaine aussi appelée *sassa*.
5. En anglais, *white-breasted hawk*. Mais ce n'est pas un faucon, c'est un épervier (*Accipiter chionogaster*).

avant l'obscurité. Une fois, comme nous nous dépêchions, mon frère et moi, à travers de hautes herbes rouges, je trébuchai et tombai. J'avais mis le pied dans un trou rond, profond d'une quinzaine de centimètres. Un éléphant était passé par là lors de sa migration annuelle dans les forêts de bambous pendant la saison humide, et, à chaque pas, dans le sol lourd, détrempé par les pluies, l'énorme animal avait creusé une petite fosse. Nous sommes ensuite tombés sur d'autres traces semblables, avec de gros tas de crottin sec éparpillés ici et là, du crottin tombé sans aucun doute six mois plus tôt, quand ces volumineuses créatures, aussi placides que sages, avaient franchi l'escarpement au cours de ce voyage familier.

Une fois hors de la forêt et de l'autre côté de la rivière, nous étions soulagés de retrouver un environnement où des êtres humains avaient laissé quelques traces. Il y avait un frémissement de vie humaine. Les femmes noires portaient de l'eau en remontant de la rivière. On entendait le rire indigène, le parler indigène, et l'air était chargé par la fumée des feux montant de toits de chaume des huttes rondes comme un encens délicat dans le vide du firmament, déjà tremblant et frissonnant des murmures indéfinissables de la nuit prête à tomber.

3.

Furie d'éléphants

Mon frère avait une meute comprenant des chiens de toutes races dont il se servait pour chasser léopards, guépards, hyènes, chacals, phacochères, porcs-épics et servals. Il y avait un gros bâtard, un pointer – Ugonjwa –, un airedale – Mac –, un autre – Pat –, deux ou trois autres dont j'ai oublié le nom, et Micky, un terrier courageux à poils blancs.

Nous chassions le dimanche matin, essayant de nous mettre en route avant le point du jour, mon frère à pied, moi, grâce à sa générosité, sur sa mule rétive. Je me souviens que la première fois que je sortis avec lui, nous avions mis les chiens dans un grand carré d'orties, large de quelques centaines de pas. Attention, ces orties africaines ont des piqûres beaucoup plus sérieuses que celles de la variété européenne. À peine avions-nous pris position pour avoir une bonne vue de l'endroit que la meute se mit à donner de la voix, produisant du remue-ménage non loin de la fourmilière sur laquelle nous faisions le guet. Moment d'intense excitation. Je m'attendais presque, sous le coup de l'émotion, à voir un lion ou un léopard sortir du couvert. Mais ce furent trois guépards.

Filant comme l'éclair, ils se dirigèrent vers des broussailles à un kilomètre ou deux sur la droite, la meute et nous aux trousses. Au bout d'un moment, les deux guépards de tête obliquèrent vers le lit d'une rivière. Le troisième – le plus gros – se sentait pressé de trop près pour tenir la distance et continua à filer en direction des broussailles. Il avait les chiens sur les talons quand il y entra et, quelques minutes plus tard, à la qualité des aboiements, nous avons compris qu'ils l'avaient acculé dans un arbre. Allongé sur l'une des plus hautes branches d'un olivier, paraissant immense, l'animal au ventre tacheté était là. Dès qu'il nous aperçut, il se désintéressa complètement des chiens et tourna la tête vers nous en montrant les crocs. Aucun lion n'aurait pu gronder plus effroyablement. Mon frère le transperça d'une balle au défaut de l'épaule et il tomba sur le sol – une boule d'or – immédiatement couvert par la meute déchaînée. Je l'examinai de près avant qu'il fût dépouillé. Je me rappelle avoir été surpris par le nombre de tiques qu'il transportait. C'était le premier grand félin que je voyais mort et, incrustés dans la belle fourrure, il y avait un grand nombre de ces parasites répugnants. Il n'avait pas la tête aussi massive qu'un léopard, les épaules et les pattes pas aussi puissantes. Sur l'échine du cou, une curieuse collerette de longs poils.

Après les servals, les phacochères étaient le tout-venant du gibier. Ces cochons hideux, puissamment armés de défenses, écumaient le veld à vive allure, la queue dressée. Chaque fois qu'ils avaient l'opportunité de se terrer dans l'antre abandonné d'un fourmilier, ils tournaient rapidement sur eux-mêmes pour pénétrer à reculons dans la gueule du terrier. Étrange comportement : combien d'avertissements douloureux les phacochères avaient-ils dû recevoir avant de comprendre que s'enfiler tête la première dans un terrier mettait en péril la partie la plus vulnérable de leur corps. Un phacochère faisant front devant la gueule de sa demeure est un spectacle impressionnant, les courbes défenses blanches à ras de terre, la tête prête à jaillir d'un mouvement éclair, si l'un des chiens se met à portée. En de telles occasions, on pouvait parfois les faire déguerpir en piétinant le sol au-dessus d'eux. Si le stratagème marchait, ils filaient soudain dans un nuage de poussière et avaient déjà parcouru cent mètres avant que l'on comprît ce qui arrivait. Les indigènes prétendent que les lions, quand ils sont très affamés, emploient la même ruse et sautent sur le dos des cochons dès qu'ils émergent. Je dois dire que je restais sceptique. Il me semble que c'est là un stratagème trop subtil pour un animal si attentif à ce qu'il mange qu'il ne se donne même pas la peine de tuer un mouton. Une fois, cependant, je l'avoue, je vis les restes d'un phacochère juste à la gueule de sa bauge et les empreintes des pattes d'un lion tout autour, comme s'il avait sourdement piétiné le sol.

Un après-midi, peu après mon arrivée, Micky, le petit terrier, et Ugonjwa, le pointer, me firent un sale coup. Mon frère était parti à dos de mule pour essayer de trouver le camp de commerçants somaliens dont on disait qu'ils avaient mené du Nord un beau troupeau de borans[1]. Seul, sans grand-chose à faire, il me prit fantaisie d'aller faire un tour dans la forêt pour voir si je pourrais tirer une antilope. J'avais toujours été un piètre tireur et, pour cette raison précise, l'idée me démangeait de montrer un trophée à mon frère quand il reviendrait. Je savais qu'il prenait parfois Micky dans la forêt, ce petit chien étant plus obéissant que les autres, et je pris également Ugonjwa, car j'avais le béguin pour ce grand pointer au front plat, et au regard si tendre et si méditatif.

La rivière franchie, je pénétrai dans la forêt par l'étroit sentier souvent emprunté avec mon frère. Avançant à pas de loup, j'entendis une fois ou deux du remue-ménage sous le couvert sans avoir la possibilité de tirer. Dans la coulée que je suivais, régnait une curieuse odeur humide, comme de pourrissants buissons de laurier, et les branches que j'écartais au passage étaient froides et glaciales, les feuilles semblables aux mains molles et horriblement maigres d'un mort. Au bout de la coulée, une masse de feuillage empêchait d'aller plus loin. Je m'assis, fusil posé sur le genou. La seule trace animale visible était la pelote dure et sèche comme de la chaux d'une laissée de hyène. Micky était parti devant, mais le pointer, resté près de moi, se mit à mordiller une plaque galeuse qu'il avait sur le dos, encore jaune de la mixture d'huile de moutarde avec laquelle mon frère l'avait frottée le matin même.

1. Race bovine africaine.

Soudain, sans le moindre avertissement, la forêt entière répercuta les échos du bruit le plus effroyable que j'eusse jamais entendu. C'était comme le sifflet grinçant d'un train de marchandises lancé à toute vapeur. Un bruit assourdissant, ébouriffant. Debout en un instant, oubliant mon fusil, je filai sans demander mon reste. Je n'avais franchi que quelques mètres en courant lorsque, juste devant moi, encadré dans le feuillage vert la forêt, j'aperçus la tête d'un éléphant. La trompe de l'animal, qui ne cessait de pousser d'aigres barrissements, se balançait d'avant en arrière au milieu des branches, les oreilles noires claquant de chaque côté de la tête comme de grands éventails. Comment vous faire comprendre l'énormité de cette tête ? Un seul coup d'œil me suffit. Tournant les talons, je pris la fuite. J'avais à peine atteint l'endroit où je m'étais assis quand j'aperçus le dos d'un autre éléphant. Faisant encore un saut de côté, je me lançai à corps perdu dans les halliers pour atteindre un arbre dont les lianes pendaient comme des cordes jusqu'à terre. J'en empoignai quelques-unes et me hissai dans les airs mais, à chaque fois, elles cédaient sous mon poids et je me retrouvai par terre. Ces quelques secondes furent un cauchemar que je n'oublierai jamais. Il y eut un fracas derrière moi, je plongeai de nouveau à la recherche d'un arbre où je pourrais grimper. Je finis par en trouver un et, mi-tirant, mi-poussant, je réussis à m'y hisser. Il était temps. L'un des éléphants avait évidemment flairé ma piste, car il arriva en trombe au pied de l'arbre où j'étais perché. Sans faire un geste, je m'accrochai comme un singe apeuré à une branche que je pensais hors de portée. Je ne voyais pas ce qui se passait au-dessous, mais j'avais l'impression que le cèdre oscillait d'avant en arrière, comme si l'énorme bête le secouait à coups d'épaule. Je sentis mon estomac se nouer. Il y avait un champignon bizarre sur la branche et, concentrant le regard sur la couleur vénéneuse, je me demandai à quel moment j'allais, à force d'être secoué, tomber comme un fruit mûr. Je savais que tomber au pouvoir d'un éléphant furieux n'était pas une sinécure. En toute simplicité, la bête s'agenouille et vous aplatit comme une crêpe, en vous écrasant les côtes qui craquent avec un bruit de vannerie.

Je me donnai une bonne heure avant d'envisager de descendre de ce perchoir. J'avais entendu le bruit de plus en plus lointain des animaux qui s'éloignaient, Micky toujours collé sur les talons, mais, même ainsi, j'hésitais beaucoup à me retrouver sur le plancher des vaches. Il me semblait que le danger rôdait. Je voyais partout de terrifiantes embuscades. Aucune gazelle de l'année n'aurait plus tremblé de peur que le névrosé que j'étais, marchant sur la pointe des pieds pour récupérer son fusil et détalant comme un lapin pour sortir de la forêt.

Depuis lors, je décidai, dans la mesure du possible, d'éviter les éléphants comme la peste et il me semble avoir tenu parole. Mon frère revint au crépuscule et, tout en soupant de viande froide, je lui contai mon aventure. Merveilleux moment, se sentir de nouveau en sécurité après le danger – les murs de pierre de la petite pièce décorés de cornes et de peaux, un feu de bois craquant dans l'âtre ! Quand le *mtoto* kikuyu, entrant avec de nouvelles bûches, se pencha pour empiler le bois près de la cheminée, je me souviens d'avoir regardé sa tête ronde comme un boulet de charbon en me demandant comment ses ancêtres avaient réussi à l'élever dans un pays où l'on rencontre des éléphants à quelques pas de la porte de service. À dix heures, au lit sur la véranda, mais impossible de fermer l'œil. J'avais toujours dans les oreilles le monstrueux barrissement, ce qui donnait un fond de malaise aux rêveries du demi-sommeil. Dans l'obscurité, dehors, au-delà des géraniums, au-delà de la faible clôture de fil de fer érigée contre l'antilope, le murmurant minuit de l'Afrique s'étendait au loin au-dessus des parois abruptes de l'escarpement rocheux, au-dessus de la forêt perfide, au-dessus du veld nu dépourvu d'abri, et, au-dessus de tout, calmes, lointaines, indifférentes, brillaient les constellations, nombreuses à être les mêmes que celles vues de la fenêtre de ma chambre au presbytère, suspendues dans un firmament sans nuage, loin au-dessus du poirier du roi William et du toit de l'écurie.

4.

Émeute chez les Kikuyu

Les petits matins sur cette ferme forestière étaient merveilleux. À six heures, juste au lever du soleil, Kamoha nous apportait des tasses de thé, puis nous sortions ensemble dans un espace dégagé devant la vaste grange sommairement aménagée où les indigènes se rassemblaient chaque matin pour recevoir les directives concernant le travail du jour. Parfois, nous avions jusqu'à soixante Kikuyu à moitié nus, sans compter l'équipe régulière de Kavirondo et de Swahili. Les boys émergeaient des huttes rondes et closes, comme autant de singes à deux pattes, dépourvus de poils. Pendant la saison des pluies, le soleil mettait parfois du temps à percer les nuages. De lourds voiles de brume froide descendaient en flottant sur la rivière, puis, tandis que nous marchions sur la route boueuse où la pluie de la nuit précédente avait creusé des ornières profondes, le paysage tout entier devenait soudain radieux. Les feuilles détrempées, chiffonnées et vert sombre des pommes de terre étincelaient, de scintillantes nuées de sansonnets pourpres passaient comme l'éclair, et les lents serpentaires qui arpentaient majestueusement le chaume miroitaient dans la fraîcheur de la lumière nouvelle. Nous mettions les boys en file pour arracher le lin et, accroupis là, ces gais lurons obscurs au crâne rond dépassant à peine la forêt de minces tiges chantaient d'étranges couplets de musique bantou. Ensuite, les conducteurs de troupeaux menaient les bœufs sur la route pour les travaux de labour. Maniki, le Wakamba, dont la tribu suivait toujours la vieille coutume cannibale qui consistait à se limer les dents de devant jusqu'à les rendre aussi pointues que des aiguilles, Abdulla le Swahili, dont la tête était aussi bourrée de mythologie africaine qu'une noix de coco de lait. Ils couraient à côté de l'attelage sous le joug en faisant claquer un long fouet, et les bêtes grotesques, à la silhouette bossue, avançaient en se hâtant, les sabots glissant dans la boue.

Retournant alors à la maison, nous partagions le petit-déjeuner de porridge et d'œufs que Kamoha avait préparé, les passereaux couleur de prune semblables à des mésanges se posaient sur le buisson de roses qui grimpait dans le treillis de la véranda, des papillons d'une taille et d'une forme incroyables passaient de fleur et fleur et l'air fumant se chargeait d'odeurs inconnues, aussi énervantes qu'excitantes. En de telles occasions, j'avais l'impression, innocent que j'étais, qu'aucun continent ne pouvait être plus beau, plus admirable que l'Afrique.

Chaque heure, durant ces premiers mois, avait un charme particulier. Il était agréable à midi de s'asseoir au frais près de la rivière et d'observer le porcher indigène mener les cochons boire à la mare. Agréable de regagner la maison à travers les buissons de *lilishwa* et de cueillir sans y penser les feuilles pointues, pour la plupart couvertes d'un duvet aussi doux que les plumes de la queue d'une cigogne marabout. Je me rappelle ma joie à la découverte d'une scabieuse poussant au milieu de ces herbes inconnues. Il me semblait extraordinaire que cette fleur à odeur de miel, qui m'était si familière sur les collines du Somerset couvertes de ronces et de fougères, pût également se sentir chez elle dans une contrée si lointaine. Après avoir dérangé une petite antilope qui s'enfuyait en bondissant au-dessus des touffes d'herbe, nous arrivions à la maison pour trouver une nouvelle affaire à régler. Parfois un groupe d'indigènes novices cherchant du travail, ou d'indigènes aux cheveux peints, munis de sacoches de cuir couleur d'argile et de cornes remplies de tabac à priser. Ou une vieille femme devant la porte, la mère de l'un des boys, venue demander des médicaments, un interminable et incompréhensible flux de syllabes négroïdes aux lèvres, les mamelons bruns pendant comme des poires flétries.

À trois heures, les boys cessaient le travail et revenaient sur la route en chantant. Nous partions alors en exploration, traversant des lieux d'une effrayante solitude, seulement faits pour l'existence somnolente et vide du rhinocéros. Il nous arriva de tomber sur le squelette de l'un de ces mastodontes – un énorme tas d'os blanchis ! – dans une vallée déserte où je ramassai une gigantesque molaire contenant toujours dans les dentelures de l'ivoire des fragments de végétation noircis remâchés au cours d'inlassables ruminations depuis combien d'années !

Un après-midi, mon frère tira sur un cobe[1] dans une forêt lointaine. L'animal étant seulement blessé, il me laissa et se précipita à sa recherche en compagnie d'Abdulla. J'attendis plusieurs heures qu'il revînt avant de faire demi-tour en me disant qu'il avait dû rentrer par un autre chemin. Il se mit à pleuvoir, la pluie noire de l'Afrique, et j'avançai en trébuchant sous un déluge torrentiel, l'esprit empli de sombres pressentiments. J'entendis une fois, derrière moi, le long aboi lugubre et rauque d'un chien sauvage en chasse. Il faisait sombre quand je sentis l'odeur rassurante des feux de camp et trouvai dans la maison de l'eau chaude qui m'attendait. Mais même des vêtements secs ne purent faire disparaître mon impression de malaise. Je ne cessai de scruter l'obscurité, espérant un signe du retour de mon frère. La nuit semblait de plus en plus dense et sinistre. C'était comme si la perfidie d'un ennemi, soupçonnée depuis longtemps, venait soudain d'apparaître au grand jour. Qu'en était-il là-bas maintenant ? La simple pensée de l'endroit désert où nous nous étions séparés dans la forêt me remplissait l'esprit d'affreuses pensées à demi formulées. Que se passait-il maintenant, près de cet arbre géant abattu dont les branches avaient été noircies par des centaines de feux de

1. Antilope africaine des marais, dont les mâles portent des cornes à anneaux transverses recourbées vers l'avant.

brousse ? Sûrement, même les gouttes de pluie devaient avoir peur quand elles se frayaient un chemin le long de ce tronc calciné, dont la surface montrait clairement l'endroit où les léopards s'étaient récemment fait les griffes. Alors, on entendit dehors Kamoha crier : « *Bwana nakuja !* » Et il apparut, trempé jusqu'aux os, la tête et la dépouille de l'antilope sur le bras, Abdulla derrière lui, avec de grands quartiers de viande suspendus à un bâton.

J'appris bientôt suffisamment de swahili pour être capable de converser avec les indigènes. Aussi, lors des rares occasions où mon frère s'absentait de la ferme, c'était moi qui supervisais les opérations. Je ne mis pas longtemps à m'apercevoir que la tâche qui consistait à organiser le travail d'une centaine d'Africains mal dégrossis n'était pas aussi aisée qu'elle en avait l'air. Je me rappelle parfaitement la première expérience désagréable que je fis.

Depuis des semaines, les boys de la ferme réclamaient de la viande et mon frère décida de leur donner un vieux bœuf qui boitait trop bas pour travailler. Comme il partait ce jour-là, il me demanda d'abattre et de découper l'animal. Vers trois heures de l'après-midi, le travail sur la *shamba* étant terminé, je fis conduire l'animal condamné dans un espace dégagé près des huttes des boys et le tuai d'une balle. À l'instant où il s'écroula, je compris que j'étais loin d'être tiré d'affaire. Le bruit de la détonation attira les indigènes comme autant de hyènes. Ils s'attroupèrent autour de la carcasse comme s'ils voulaient la mettre en pièces de leurs propres mains. Je tentai de les faire reculer, mais comme la moitié d'entre eux ne parlaient pas le swahili, il me fut difficile de leur faire comprendre que je voulais simplement avoir de la place pour dépecer et découper le bœuf. Comme la demi-douzaine de Swahili qui travaillaient sur la ferme étaient plus civilisés que les Kikuyu, je leur donnai l'ordre de faire le travail, pendant que la racaille demeurait à l'écart. Une fois la viande divisée en quartiers et déposée en tas sur l'herbe, je procédai à la distribution la plus équitable possible. Pour quelque obscure raison, les Kikuyu se mirent en tête qu'ils n'avaient pas reçu leur juste part. Quand je tentai de leur expliquer, ils se contentèrent de baragouiner, puis commencèrent à bouder et à jurer que, dans ces conditions, ils n'en voulaient pas du tout. Commençant à en avoir vraiment assez, dans un accès d'irritation, je les pris au mot et partageai la viande entre les Swahili et les Kavirondo. Dès que les Kikuyu comprirent ce que j'étais en train de faire, une grande clameur s'éleva, surtout quand ils virent de leurs propres yeux que la viande était emportée dans les huttes des autres boys. L'un d'eux, un grand nègre à peu près nu, évidemment le chef de bande, se mit à ânonner une sorte de chanson, tandis que le reste, accroupi en cercle sur les hanches, frappait en cadence le sol en se servant d'un gourdin ou d'une courte épée. Je demandai aux Swahili ce que signifiait cette démonstration et, à ce que je compris, ils me répondirent qu'ils priaient que tous ceux qui partageaient la viande fussent empoisonnés. Comme ils ne paraissaient pas très sérieux, je pris le parti de m'en aller, très heureux d'échapper au bruit et aux clameurs.

J'étais à peine entré dans la maison lorsque j'entendis le cri de guerre des Kikuyu : *Uwee! Uwee! Uwee!* Au même instant, Kamoha entra en coup de vent pour dire que les Kikuyu massacraient les Swahili. M'emparant d'une carabine, je repris en courant la direction des huttes.

Je découvris un véritable champ de bataille, épées et massues volant dans toutes les directions, un Swahili déjà à terre, un autre avec le crâne entaillé, d'où jaillissait le sang. J'eus soudain l'idée que je pourrais calmer la mêlée en tirant un coup de feu au-dessus des têtes. Apparemment, les Kikuyu prirent cela pour le signe que j'avais définitivement pris parti contre eux, car ils arrivèrent sur moi comme une vague de fond. Appuyant le dos contre l'une des huttes, je les mis en joue du mieux que je pus. Impossible de me décider à tirer ou non. Ce fut un moment d'une tension extraordinaire, et je n'oublierai jamais ce que je ressentis, ces hideuses physionomies jappant et grimaçant autour de moi. Je ne sais vraiment pas comment les choses se seraient terminées si mon frère n'était pas intervenu à ce moment-là.

Il venait juste d'atteindre la maison quand il avait entendu le coup de feu et, devinant qu'il se passait quelque chose, avait mis sa mule au galop jusqu'aux huttes. Mettant pied à terre, il se dirigea calmement jusqu'à l'endroit où je me tenais. Son calme changea immédiatement la situation. Les Kikuyu crièrent «*Msungu!*» («Homme blanc!») – et laissèrent le passage. Il leur demanda dans leur langue s'ils savaient ce qu'ils faisaient, puis les injuria copieusement, les traitant de bâtards de serpents avant de les renvoyer chez eux comme s'ils étaient une bande de gamins désobéissants. Seul le grand leader avait l'air de vouloir poursuivre la lutte. Il s'avança vers mon frère, l'air féroce, en brandissant une longue lance. En un instant, un coup de poing bien placé l'envoya mordre la poussière. Après cela, il n'y eut, chez les autres, pas l'ombre d'une hésitation, ils décampèrent immédiatement en ne parlant que de *bwana poli poli* – « le maître paisible » – qui, déclarèrent-ils, n'avait jamais peur, ne perdait jamais son sang-froid et était plus fort qu'un lion à crinière noire. Si l'incident fut un grand sujet de conversation pour les indigènes, il fut pour moi matière à de très utiles réflexions.

5.

Le rythme de l'Afrique

Nous allions souvent chasser le porc-épic. Après souper, rassemblement des boys, sortie des chiens et, lance en main, nous voilà en route pour le carré de pommes de terre où les porcs-épics faisaient des ravages. Ils s'introduisaient dans les rangs et détruisaient les tubercules, parcourant de grandes distances pour satisfaire leur appétit. Nous les chassions parfois jusque dans leurs terriers creusés dans le flanc rocheux d'une colline à plusieurs kilomètres. Ils faisaient un petit bruit de crécelle avec les piquants qu'ils avaient au bout de la queue et, quand on en avait débusqué un, il sortait à toute vitesse du champ de patates en faisant un bruit infernal avec cet instrument en se carapatant dans le veld. Chasser le porc-épic requiert une grande adresse. Ces animaux ont une façon de filer ventre à terre au moment le plus excitant de la chasse, de s'arrêter net et de faire demi-tour, en faisant marche arrière pour ainsi dire, ce qui met complètement dans le vent les poursuivants qui, à moins de faire preuve d'une grande vivacité, sont percutés par une sorte de bélier furieux armé de redoutables piquants.

La plupart des chiens, après en avoir fait la douloureuse expérience, les chassent avec prudence et méfiance en gardant toujours une distance de sécurité. Micky ne nous accompagnait jamais en ces occasions, incapable qu'il était de se retenir quand il était lancé. Le reste de la meute savait exactement quoi faire. Elle traquait le porc-épic jusqu'à épuisement et l'acculait en attendant que nous apparaissions, nous et les boys. Grand moment d'excitation. La lumière de la lanterne n'était jamais suffisante et l'animal au supplice chargeait en avant, en arrière, dans toutes les directions, la queue tintant continuellement comme un trousseau de clés dans le tablier d'une vieille femme. J'ai connu un boy qui avait eu la jambe transpercée de part en part par un porc-épic. L'animal une fois tué, les plus beaux piquants étaient enveloppés dans *The East African Standard* et mon frère les ramenait à la maison où ils servaient de porte-plume. La carcasse était laissée sur place, cette carcasse extraordinaire, aux pattes puissantes et à la face noire de lapin. S'il nous arrivait de passer par là les jours suivants, il y avait de la puanteur dans le vent, mais cela ne durait jamais longtemps. Très vite, charognards, hyènes, chacals, rats, fourmis nettoyaient tout et, à part un petit tas de piquants noir et blanc, il ne restait rien du bizarre animal trapu qui avait une passion pour le tubercule importé d'Amérique et savait comment trouver son chemin dans le veld par la plus sombre des nuits. Tuer ! Tuer ! Tuer ! Voilà ce qu'il fallait faire pour s'accorder au rythme de l'Afrique, ce rythme inexorable, la cadence la plus sublime qui puisse être entendue quand l'échine est brisée et la gorge tranchée.

Après tout, les hommes doivent vivre. Quand une armée de fourmis noires envahissait la maison pour dévorer une épaule de mouton, que faire d'autre que verser de l'eau bouillante sur le chemin de cette multitude qui s'étendait comme une mer sur le mur de pierre après avoir franchi l'appui de fenêtre. En Afrique, non seulement la Nature est indifférente au destin des diverses formes de vie qu'elle a créées, mais elle fait preuve de malignité. Partout, règne une guerre impitoyable, menée avec astuce. Cela ne fait pas plaisir au porc-épic d'être percé à mort d'un coup de lance ni aux fourmis d'être ébouillantées vivantes, pas plus qu'aux chiots d'Ugonjwa d'avoir, en pleine tête, les yeux aveugles dévorés par ces insectes.

En accord avec les lois cosmiques, l'écrasement d'une planète devrait causer la mort de trois cent mille êtres humains. Cela se fait à l'aveugle, par hasard. Mais regardons l'image plus attentivement, comme il est possible de le faire en Afrique, et l'on verra que sur l'écorce terrestre règne une lutte sourde, délibérée, consciente, sans quartier, main contre pelage, griffe contre corne, bec contre fourrure. Tuer ! Tuer ! Tuer ! Tel est le commandement de l'Afrique et plus on l'exécute avec assiduité, plus on est en harmonie avec l'environnement de l'équateur où les lois de la nature, en pleine lumière, ont mis bas le masque. J'ai vite compris cette règle. Retenir sa main équivalait à une mort certaine. Mieux valait frapper des deux mains.

Les léopards étaient un souci constant dans cette ferme en lisière de la forêt. Ils entraient parfois dans l'enclos par une fissure non remarquée pour emporter un cochon. On leur installait des pièges à fusil près des trous d'eau. On appâtait ces ingénieux dispositifs avec des animaux morts – parfois, une chèvre. La carcasse était entourée d'épineux et attachée par un fil à la gâchette d'un fusil – posé horizontalement à trente centimètres au-dessus du sol – prêt à se décharger au moindre mouvement. Généralement, on posait le piège juste avant le coucher du soleil. Cependant, avant de faire les derniers réglages, il fallait traîner l'appât dans toutes les coulées voisines de façon que l'odorat du léopard l'orientât vers le piège. C'était à moi qu'il revenait d'accomplir cette tâche, et j'avais le cœur qui battait la chamade tandis que je traînais le poids mort par-dessus racines et touffes d'herbe, jusqu'à ce que le cadavre fût défiguré par la poussière. Pendant ce temps, mon frère travaillait à la barrière de protection d'épineux dans les buissons voisins sous un bouquet de cèdres.

À la tombée de la nuit, l'air se remplissait de bruits inexpliqués et de soudaines odeurs étranges, le vent d'Afrique nous soufflait en plein visage, les longues branches plumeuses des arbres de la forêt s'entrechoquaient en se balançant, et nous trébuchions dans l'herbe de la vieille piste familière de la *shamba*, nous rapprochant de plus en plus de la petite maison éclairée par la lampe, où il faudrait rencontrer les boys, vérifier leur carte de travail, et où il y aurait peut-être une lettre à écrire sur le papier bon marché acheté à la boutique hindoue de la gare.

Ensuite, une fois que Kamoha avait débarrassé, assis près d'un feu de bois crépitant, nous évoquions les jours anciens dans le Somerset, les longues promenades ensemble sur les berges de la rivière Yeo à la mi-été, les foins non encore fauchés, les pâturages de trois heures de l'après-midi pleins de gars au teint hâlé, des fleurs à la casquette, et des filles en bonnet blanc, tandis que de pacifiques vaches rouges aux yeux doux chassaient paresseusement les taons à grands coups de queue. Que c'était tranquille, immémorial, le groupe d'animaux dociles, les dos humains inclinés, les grands seaux à traire d'un blanc d'argent au milieu des orties et des ombellifères à l'ombre des haies d'ormeaux. Nous évoquions aussi les vacances de Noël, l'occasion de sortir les patins à glace de l'armoire dans la salle de classe et de les poncer au papier de verre pour le jour où nous irions à la mare de Pit en traversant les champs craquants, pleins de taupinières si dures qu'aucun coup de pied n'avait le moindre effet sur ces surfaces prises par le gel.

Soudain, un coup de feu claquait dans l'obscurité. Je n'ai jamais entendu la détonation de l'un de ces pièges à fusil sans un curieux choc. On a l'impression de se retrouver là-bas sous les arbres, près de l'eau noire qui coule, dans une solitude totale. La balle avait-elle accompli son œuvre ou la bête avait-elle réussi à s'éclipser dans la forêt, indemne ?

Le matin venait enfin, où, après avoir chaussé lourdes bottes et pantalons kaki, nous traversions les broussailles humides pour aller relever le piège et apercevoir, par-dessus la crête de la colline, devant nous, gisant de tout son long sur l'herbe trempée de rosée le corps de serpent d'un chat doré tacheté d'ébène. Qu'un tel animal pût exister sur Terre me paraissait stupéfiant mais, dans ce pays fécond, tous les animaux de la Création, semblait-il, avaient droit de cité. Près du trou d'eau, la lumière du soleil passant à l'oblique dans les cimes des arbres, après avoir tiré le couteau qui est l'« ami du broussard », nous nous mettions au travail pour dépouiller ce trophée. Loin au-dessus, dans les branches, les singes colobus, agiles acrobates en livrée noire et blanche, se bourraient voracement les joues avec les petites baies dont ils raffolent. Ce n'était pas une affaire facile, séparer avec d'habiles incisions la fourrure bariolée du corps plein de tendons, rouge et sinistre quand il était à vif ! Quels muscles tendus ! Quelle dangereuse souplesse nouée dans ces ligaments élastiques ! Et combien lourde cette peau flasque, cette somptueuse peau flasque gorgée par l'odeur des mille suées nocturnes de ce léopard durant les nuits de jungle.

6.

Les voies de Muúngu

À mesure que je comprenais mieux le swahili, je devins de plus en plus intéressé par les indigènes d'Afrique, ces êtres humains extraordinaires dont le corps semblable à une peau de serpent était recouvert d'une peau noire. L'odeur même qu'ils dégageaient était surprenante, pas désagréable, mais forte et piquante comme la fumée d'un feu d'herbes sèches en hiver.

Assis sur un tertre surplombant les huttes, je les observais pendant des heures d'affilée : des vieillards d'un âge incroyable, centenaires peut-être, les mâchoires pendantes et les joues ravagées de rides, appuyés sur de longues perches comme les ours décharnés que l'on montre dans les foires de campagne, omoplates saillantes sur les épaules couvertes de peaux de chèvre tachetées. Des enfants jouaient autour de leurs jambes maigres, des petits enfants tout nus au ventre de grenouille. Je voyais les femmes s'occuper des tâches ménagères. Aller chercher de l'eau à la rivière, ou inspecter la lisière des terres arables à la recherche des herbes qu'elles utilisaient comme légumes. Parfois, poussé par la curiosité, je me faufilais sous la porte basse de l'une des huttes et m'asseyais près des cendres blanches du feu toujours en train de couver dans ces habitations primitives, et l'on m'offrait un *posho* trempé dans un morceau de pain et servi dans une calebasse[1]. Observant avec étonnement le contentement de ces gens qui menaient une vie aussi archaïque, j'en arrivais presque à envier l'heureuse liberté qui les préservait des pensées tordues. Quelle explication donnaient-ils à tous les mystères qui les entouraient ? Un grand sorcier noir, il y avait un millier de lunes, avait-il scruté le ciel nocturne en concluant que l'ultime question ne pourrait jamais être résolue et qu'il était sage que l'homme cessât de spéculer pour profiter sans poser de questions de la saveur délicate du lait de chèvre, de la chaleur bienvenue d'un feu et des jouissances délicieuses de l'amour ? Mais il y avait une petite chose dans la vie qui leur semblait inacceptable. La mort ! Cela ne manquait jamais de les faire bondir ! Ils n'aimaient pas du tout que leur père, leur progéniture, leurs frères, devinssent soudain sourds et muets et les fixent, comme des imbéciles, la bouche ouverte en posant sur eux un œil mort. Pour eux comme pour d'autres, mourir était une effroyable et choquante catastrophe. Dans cette partie de l'Afrique,

1. Plat de farine de maïs cuite à l'eau jusqu'à ce qu'elle acquière la consistance du porridge (Afrique de l'Est, région des Grands Lacs).

dès qu'un homme mourait, le corps était abandonné et on ne s'en occupait plus.

Joyeux, étourdis, inconstants, enfants de la lumière et de l'ombre, ces indigènes sont incapables de dépasser les bornes de la superstition. La complexe religion orientale, qui, ces dernières années, a satisfait l'Europe, est beaucoup trop raffinée et sophistiquée pour ces caboches laineuses. J'avais l'habitude de les regarder entrer et sortir et ne puis vous dire combien éloignées de leur façon de penser me parut alors la complexité d'une théologie construite autour de l'événement qui eut lieu il y a deux mille ans de l'autre côté de la mer Rouge : « *Eloi, eloi, lama sabachthani ?* » Si ce cri, sans doute le plus tragique, capable de déranger les rêves nocturnes du héron ou du hibou avait atteint ces vallées africaines, il me semble que ces têtes de mule ne lui auraient pas prêté grande attention. Ils auraient marmonné « *Kelele Muúngu* » (« le bruit d'un dieu ») puis, indifférents et préoccupés, ils seraient retournés à leurs affaires.

Leurs mythes, vieilles histoires traditionnelles qu'ils aimaient répéter sans fin autour des feux de camp, étaient d'une extrême simplicité. L'un de ces contes me plaisait particulièrement. J'avais posé un piège de l'autre côté de l'escarpement et revenais par un étroit chemin de chasse non loin de l'endroit où j'avais fait connaissance avec l'éléphant. L'indigène qui m'accompagnait était un Kikuyu, grand, mince et nu à l'exception de la couverture rouge que je lui avais donnée. Il tenait dans la main droite une longue lance mince et, tandis qu'il marchait à la hauteur de ma monture, je ne pus m'empêcher de penser combien il semblait être à sa place, déambulant là sous les vieux cèdres comme ses pères l'avaient fait avant lui depuis des temps immémoriaux.

Soudain, comme nous avancions, il désigna un tas de matière sombre au bord du sentier. « *Tembo* », dit-il. Baissant les yeux, je reconnus sans le moindre doute un tas de crottin d'éléphant. Je talonnai la mule, n'ayant aucune envie d'une seconde rencontre avec l'un de ces pachydermes. Le Kikuyu, d'un coup de son pied nu, envoya valser le tas de crottin puis, se tournant vers moi, demanda avec le plus grand sérieux si je savais que les éléphants avaient jadis été des hommes. Il avait un air si grave quand il me posa la question que, sur mon âme, je fus presque enclin à le croire. Je vous le dis, dans cette forêt qui s'assombrissait, avec le froissement des feuilles tropicales autour de moi et le frémissement indéfinissable de la nuit qui tombait partout audible, il paraissait plus que possible que j'allais entendre l'histoire authentique de l'origine de l'homme.

« Il y a longtemps, commença-t-il, au temps où les montagnes crachaient du feu, les éléphants étaient des hommes. Et ces hommes étaient très riches. Ils avaient *ngombi, kondo, mbuzi, kuku* ("bétail, moutons, chèvres et poussins") aussi nombreux que l'herbe des plaines. Ils étaient si riches qu'ils n'avaient pas besoin de travailler. Ils paressaient tout le jour, le corps couvert d'huile et de terre rouge, et faisaient l'amour dans la chaleur de midi. Ils avaient tant de lait qu'ils ne savaient qu'en faire. Alors, un jour, l'un d'eux prit un bain de lait, et quand les autres le virent, ils l'imitèrent, si bien que cela devint chez eux une pratique de se frictionner matin et soir le corps avec cette eau blanche. Bon, il arriva qu'un certain soir Muúngu ("Dieu") traversa la forêt pour voir si tout était en ordre chez les animaux qu'il avait créés – les rhinocéros, les hyènes, les lions et tous les autres. Et tout était en ordre. Sur le chemin du retour, il entendit le rire d'un homme et fit un détour pour vérifier que tout allait bien chez eux. C'était par hasard l'heure de la toilette du soir et, voyant le bon lait dont ils s'aspergeaient le corps, il entra en fureur : "J'ai créé les vaches pour leur donner cette eau-de-vie blanche et voilà qu'ils la gaspillent et font même pire." Et il appela les hommes à lui, à l'endroit où il se tenait dans les ombres de la forêt. Et quand les hommes entendirent la voix de Dieu plus forte que le rugissement d'un lion au ventre plein, ils se mirent à trembler et vinrent à lui en rampant sur les mains et les genoux, comme autant de babouins. Et Dieu cria d'une voix forte : "Comme vous avez prouvé que vous étiez indignes de recevoir mes dons et que vous êtes coupables de ce gaspillage, vous deviendrez *nyama* ('des animaux sauvages'), un nouveau genre de *nyama* portant sur la tête des dents d'un blanc de lait pour que vous ayez toujours votre faute en mémoire." Dieu les transforma ainsi en éléphants, et ils partirent dans la forêt, la tête penchée, énormes formes grises, pour toujours munies de défenses luisantes. »

Après avoir traversé la rivière, nous avons grimpé par d'étroits chemins menant aux huttes des boys. Le soleil sombrait lentement vers les pentes des monts lointains.

Les ruminants bossus paissaient gravement dans l'enclos que mon frère avait construit pour eux. Un boy coupait du bois devant une hutte. L'air vibrait de sons haut perchés, chantés par les voix aiguës et insouciantes des nègres.

N'ayant aucune envie de rentrer tout de suite, je mis pied à terre, m'assis sur un rondin abandonné et commençai à poser des questions à mon compagnon. Je lui demandai si nous avions une chance d'accéder à l'immortalité. Il répondit de façon évasive. C'était à l'évidence une question dont il n'avait pas envie de parler. J'insistai. Je lui demandai si lui-même s'attendait à exister après la mort. Alors, sous un olivier tordu, cet enfant du chaos africain fit enfin une sombre profession de foi.

Il me dit que le soleil était un lion borgne qui donnait à jamais la chasse à une petite chèvre blanche, la lune. Que les étoiles étaient les yeux des enfants de Dieu qui, d'une ultime cachette, suivait du regard l'interminable chasse. Et il poursuivit en expliquant que ni le lion borgne, ni la chèvre blanche, ni les enfants de Dieu ne se souciaient de ce qui se passait sur le sol herbu de la terre sauvage. Les hommes noirs et les hommes blancs mouraient, leur chair allait dans l'estomac des hyènes, leurs os demeuraient dans le veld une semaine, un mois peut-être avant d'être recouverts par les herbes ou dispersés dans le vent, si bien que personne ne savait où se trouvaient leurs âmes.

C'est « *shairi Muúngú* » (« l'affaire de Dieu »), dit-il. Le lion ne dort jamais, la chèvre non plus. De mémoire d'homme, la chasse n'a jamais cessé, et il en va au firmament comme il en va sur terre, tout est une poursuite perpétuelle, un mouvement perpétuel. Les eaux des fleuves coulent à jamais. Les feuilles poussent, bourgeonnent et tombent, les vieux vautours crèvent, des jeunes prennent leur place, l'heure de la mort finit par atteindre l'hippopotame le plus fort, mais il y en a déjà d'autres pour le remplacer dans la vase de la rive du lac. Et tandis que j'écoutais ce flot de paroles désabusées, les images les plus folles se bousculaient dans mon esprit. Je vis le monde comme il le voyait. Je vis tous mes compatriotes, industrieux, ingénieux, militaristes, comme autant d'erreurs dans le schème cosmique, des êtres en plein brouillard, qui feraient beaucoup mieux de manger, boire et danser dans le temps qui leur est imparti, sans penser, espérer ou prévoir l'avenir.

« Après tout, conclut-il, qui se souvient des babouins de l'escarpement qui, il y a une centaine d'étés, se nichaient dans les crevasses pour mourir ? Et pourtant le lion borgne chassait alors comme il chasse aujourd'hui. »

7.

Mort d'un chien

C'est à peu près à cette époque que l'on eut vent de la bataille de Longido[1], une colline à la frontière de l'Afrique occidentale allemande. Les colons anglais avaient été repoussés et certains des amis de mon frère, tués. Rendu inquiet par les nouvelles, il décida de rejoindre les fusiliers montés d'Afrique de l'Est, considérant que j'étais capable de m'occuper de la ferme en son absence. J'avoue que j'étais extrêmement contrarié de le voir impliqué dans ce fol affrontement, si destructeur du corps politique de la civilisation. J'étais très conscient de la stupidité et de l'obstination des divers gouvernements, comme de leur coupable négligence envers les jeunes esprits qu'ils tenaient sous leur coupe. Ces généraux, ces colonels à l'uniforme chamarré et au crâne

1. 3 novembre 1915. Officiellement, l'un des revers les plus sévères de l'histoire militaire britannique.

étroit d'une bande de coqs paradant dans une basse-cour, comment avoir confiance en ces gens-là ?

Pour ma part, je voyais l'avenir comme très incertain. J'étais venu en Afrique pour me soigner, ne pas mourir de tuberculose, et voilà que j'allais être transformé en pionnier vivant à la marge du monde. Une existence tolérable avec mon frère toujours à portée de main en cas d'urgence pouvait – me semblait-il – devenir insupportable si j'étais seul. Il décida de partir certain lundi matin du mois de janvier 1915.

Le dernier dimanche, comme d'habitude partis chasser, nous avons levé un gros phacochère, une bête vraiment gigantesque, dans les buissons près de la maison. Il nous fit courir pendant plus d'un kilomètre, traversa la rivière et se retourna pour faire face en terrain découvert. En le rejoignant, nous l'avons trouvé au centre de la meute, tournant d'un côté puis de l'autre ses longues défenses luisantes et gardant tous les chiens à bonne distance. Tout en marchant vers la mêlée, mon frère tenait prête la lance dont il se servait pour transpercer les cochons. En général, il attendait que les chiens eussent sauté sur l'échine du porc avant d'utiliser son arme, mais – même ainsi – porter le coup mortel requérait une force et une adresse extraordinaires. En étant dépourvu, je me contentai de rester un peu en retrait, fusil en main. Ce jour-là, les chiens paraissaient incapables de se rapprocher de ce monstre, qui était trop rapide pour eux. Ils ne lui fonçaient sur la queue que pour trouver, à la place, les défenses. Nous sommes restés une demi-heure à les observer, mais le phacochère était toujours prêt au combat. Quand mon frère, lassé par la longue attente, se rapprocha, le cochon l'aperçut et chargea. N'osant pas tirer, car il était sur la même ligne que l'animal, je passai par toutes les affres de l'inquiétude.

Je vis les chiens céder le passage et mon frère se raidir, prêt à frapper avant de faire un pas de côté. Je savais qu'il n'avait qu'une petite chance de réussir, car un cochon est aussi vif que l'éclair et peut suivre le moindre mouvement de l'ennemi.

Me précipitant, j'aperçus soudain un éclair blanc qui traversait d'un bond le groin de l'animal, qui trébucha. Mon frère saisit cette chance au vol : quelques instants plus tard, la lance avait accompli son œuvre, le grand sanglier gisait sur le sol, agonisant. Mais il y avait également quelque chose d'autre, là. Sur la tête du cochon, le corps blanc de Micky, transpercé par les deux défenses. Les entrailles à l'air, il nous reconnut tout de même et, comme mon frère se baissait pour le libérer de ce supplice, il lui jeta un regard profondément reconnaissant. Je vois tout cela aussi clairement que si c'était arrivé hier, Willie s'agenouillant au-dessus du petit terrier blanc qui, couché sur le flanc, remua faiblement la queue avant de fermer les yeux pour toujours[2]. Nous l'avons enterré dans l'antre d'un fourmilier.

Lundi vint. Debout dans le petit jardin fleuri, j'observai la silhouette de mon frère sur la mule grise disparaître au bout de la piste entre les parcelles labourées. Il passa le

2. Cela rappelle Yeats : « *Although I saw it all through the mind's eye / There will be nothing solider till I die* » (« The Double Vision of Michael Robartes », in *The Wild Swans at Coole*, 1919).

carré de pommes de terre, la meule de lin rousse, le bosquet d'oliviers où nous avions pour la première fois vu un chien sauvage en chasse, puis il fut complètement hors de vue. Immédiatement, je fus submergé par un sentiment de solitude et de désolation. En entrant, à droite de la véranda, dans la petite chambre qu'il avait occupée, il me sembla que chaque objet qu'il avait laissé là me suppliait d'une façon abjecte, le couteau de poche qu'il possédait depuis l'enfance, la vieille corne de vache dont il se servait à la chasse, les lacets de bottes en peau d'antilope qu'il avait préparés avec tant de soin.

L'obscurité tomba, augmentant mon humeur noire, au lieu de la dissiper. Enveloppé dans la sensation persistante d'une perte personnelle, j'en vins à comprendre ce que signifiait la nostalgie, cet étrange besoin physique de la maison natale, avec les bâtiments familiers que l'on a vu depuis toujours, les arbres du jardin à la vie solitaire, assurée, immuable, et même la citerne près de la remise à charbon dans l'arrière-cour.

Avant de me mettre au lit, je contournai la façade pour aller puiser au réservoir d'eau de pluie. Une hyène se mit à ricaner de l'autre côté de la clôture de fil de fer et, de très loin, au-delà du trou d'eau où s'abreuvaient les phacochères, me parvint, vaguement porté par le vent nocturne, le cri d'agonie d'une créature de la forêt. Je me hâtai de remplir mon verre. Même les ombres que les touffes de géraniums dessinaient sur l'herbe haute me semblaient traîtresses, menaçantes. Je sombrai dans le sommeil, un fusil chargé à mon chevet. De l'endroit où j'étais couché, j'apercevais les nuées sombres qui se déplaçaient gravement dans le ciel et, au-dessous des crêtes irrégulières des cimes de la forêt, j'entendais les miaulements monotones d'un léopard.

Lorsque l'aube parut enfin, j'avais repris courage. Il y a toujours quelque chose de rassurant quand le jour se lève en Afrique. Le cri enjoué des perdrix rouges[3] qui piètent délicatement sur leurs pattes griffues dans la rosée tropicale, le ding-dong de l'oiseau cloche, le bavardage incessant des singes semblent dissiper les pressentiments qui s'accumulent pendant les heures les plus noires quand on sait que, où que l'on aille, chaque coulée, chaque clairière est fréquentée par des ombres aux pattes de velours éternellement en quête de sang.

3. *Spur-fowl* (*Galloperdrix spadicea*), littéralement « galloperdrix rouge ».

8.

Le mépris d'un gentleman

Après le départ de Willie, il devint très clair pour moi que le noble art du fermage n'était pas chose aussi facile que je l'avais d'abord imaginé. Il n'était pas de jour où le souvenir ne m'en était pas rappelé. Par exemple, les cochons furent soudain atteints d'une sale maladie. L'un après l'autre, ils se mirent à boiter et plusieurs d'entre eux moururent avant qu'un colon, qui passait par hasard dans le coin, diagnostiquât ce qui n'allait pas. Ils devaient avoir accès au sel, et le sel, me dit-il, « est un poison mortel pour les porcs ». Ce fut pour moi une surprenante révélation concernant les dispositions et les caprices de la nature, car j'avais cru depuis toujours que le sel était nécessaire au bien-être de tous les animaux. Je savais qu'il était nécessaire à celui du bétail et j'avais le souvenir très net du bloc de sel, aussi brun et rond qu'un fragment de crâne humain, suspendu chez nous dans l'écurie, à gauche du coffre. J'avais beaucoup à apprendre, c'était évident. Je donnai au porcher des ordres stricts pour qu'il tienne à l'avenir les cochons le plus loin possible du bloc de sel. Immédiatement, le taux de mortalité diminua et certains porcs, qui avaient attrapé la maladie, guérirent.

La sécheresse s'installa et, même dans cette haute région forestière, les conditions devinrent difficiles. La citerne d'eau étant vide, il fut nécessaire d'aller en puiser à la rivière, mais à cause du danger de la dysenterie, il fallait faire bouillir l'eau avant de la boire. On construisit de petits refuges au toit de chaume à certains points stratégiques de la *shamba* afin que les cochons, une fois lassés de déterrer des racines, puissent s'abriter des rayons brûlants du soleil de midi. La savane devint sèche, grise, poussiéreuse et couverte de tiques.

Un matin, il me sembla que ce serait une bonne idée de brûler une certaine pièce de terre afin que les bœufs puissent profiter d'une herbe fraîche à la saison des pluies. Après avoir pris Maniki, Abdulla et une vingtaine de Kikuyu, afin que le feu puisse être tenu sous contrôle, je fis flamber une allumette. En un instant, les flammes s'étendirent dans toutes les directions, et je compris que la ferme était en danger. Le feu ! Avant cet épisode, je ne connaissais pas vraiment l'inextinguible fureur de cet élément. Cinq minutes après avoir fait flamber cette petite allumette, des nuages de fumée, comme des lames de fond, s'élevaient dans le ciel et là, devant moi, grandissant à mesure, s'étendait un haut mur de flammes dansantes. Heureusement, l'herbe était plus maigre autour de la maison, et nous avions des coupe-feu, mais juste le temps de les installer. Bondissant et riant, en proie à une étrange extase passionnée, le démon rouge que j'avais lâché sur l'échine fauve de l'Afrique passa à toute vitesse, inapaisé. En une demi-heure, la savane jusqu'au bout de la ferme, n'était plus qu'un désert de buissons noircis où couvaient des braises, au-dessus duquel tournaient des faucons à la recherche de serpents et de rats.

Pendant presque une semaine, de la véranda, la nuit, j'ai pu suivre la progression de ce feu de brousse, voir la mince ligne cruelle monter de plus en plus haut dans les lointaines collines, avançant toujours plus loin, ardent, rapace, jamais rassasié. Il se trouve que ce fut mon lot, plus tard, de mener maints combats désespérés contre les feux de brousse.

Un mois a suivi l'autre. Parfois, je ne voyais que des faces noires pendant des semaines. De temps à autre, une bande de commerçants somaliens passaient, des hommes de grande taille, vêtus de robes de lin immaculées. Quand ils me voyaient, ils quittaient mules et chameaux et, avec une exquise courtoisie, venaient me parler en swahili, me dire où ils allaient et me parler du bétail qu'ils avaient avec eux. Moi, je leur demandais de me raconter leur voyage, et de me dire depuis combien de temps ils avaient quitté les cités désertes et entourées de murs de leur pays, dans le Nord lointain.

En une occasion, l'un d'entre eux vint chez moi, la nuit. On l'avait laissé à la traîne, à la recherche d'un âne perdu. Il voulait savoir si je lui permettrais de dormir sur le lin stocké dans la grange, et je lui ai donné cette autorisation. Tard dans la soirée, tandis que j'étais assis en train de lire

Don Quichotte (l'un des sept livres que j'avais emporté en exil), il réapparut en me demandant si j'avais une couverture en plus à lui prêter. Comme j'avais déjà pris l'attitude provinciale d'un homme blanc vivant dans un pays habité par des hommes de couleur, me sentant peu enclin à lui prêter l'une des couvertures de mon frère, j'allais chercher l'un des épais tapis utilisés pour couvrir la mule qui ruait quand les nuits étaient glaciales. Vous savez que, lorsqu'un homme s'est très mal comporté dans la vie, il ne cesse de penser et de repenser à ce qu'il a fait pendant des années. Je lui ai tendu la couverture. Il l'a examinée, puis, apercevant des poils gris, me l'a rendue en silence, mais avec une telle expression de mépris sur les traits finement ciselés d'un fier visage que j'ai compris que mon action ignoble m'avait en quelque sorte exclu de ce qui était communément admis comme allant de soi parmi les gentlemen de la communauté humaine. Il est certain que ma suffisance d'Anglo-Saxon en a pris un coup ce jour-là, un coup qui m'a incité à réfléchir à deux fois avant d'offrir aux étrangers qui demandaient une faveur des couvertures de mule !

Enfin, les grandes pluies arrivèrent et la rivière devint un torrent brunâtre, la route une rivière, et chaque sente indigène un ruisseau. Sur les basses terres de la *shamba*, l'eau était si profonde et s'étendait si loin que, de la véranda, la ferme paraissait être composée d'une succession de mares et, où que l'on aille, de globuleuses grenouilles africaines, la bouche grande ouverte, coassaient en sortant la tête hors de l'eau. Et, comme il tombait de plus en plus de pluie à mesure que passaient les jours, la Nature se détendit et s'éveilla de nouveau. Le sol noirci qui avait brûlé se couvrit de l'herbe la plus tendre du printemps, que zèbres et bubales broutaient en groupes épars. En une nuit, pour ainsi dire, le paysage devint vert et le monde végétal dominant. Du sol, de la cime des arbres, de longues vrilles vertes s'étendirent toujours plus loin, et s'accrochèrent, toujours plus vigoureuses. L'air était parfumé par l'odeur de la sève, une sève effervescente, dangereuse, suffocante pour toute vie qui n'était pas végétale. Chaque matin de bonne heure, en sirotant du thé, je regardais une terre en sueur qui fumait comme le dos d'un grand cheval de trait dans un comté anglais.

Et par une froide aube brumeuse, émergèrent de la clairière située au-dessous du carré de pommes de terre cinq formes monstrueuses des premiers âges du monde se mouvant lentement à travers la forêt : les éléphants ! Plus tard dans la journée, j'ai suivi ces traces. Le chemin qu'ils avaient emprunté était semé de trous, profonds de quarante centimètres, déjà remplis d'eau. Je n'avais aucune envie de les rejoindre, mais j'étais fasciné d'être dans le sillage de ces énormes voyageurs et d'observer la dextérité avec laquelle ils se déplaçaient le long de la paroi rocheuse de l'escarpement, aussi agiles que des chats, apparemment indifférents aux obstacles les plus formidables, surmontant rochers et arbres déracinés avec peu ou sans difficulté. Ah ! Ah ! pensai-je, voilà les plus anciens seigneurs et maîtres du monde végétal. Ils se frayent un chemin à travers les plus inextricables jungles forestières, brisant au passage rejets et branches d'arbres déracinés. Chaque jour, au cours de cette période, la Nature m'a paru de plus en plus rebelle, et j'ai fini par me dire que le petit lopin de terre cultivée dont j'avais la charge était comme un minuscule îlot instable menacé de tous côtés par d'invisibles vagues de fond. Pourtant, il y avait des moments où, en dépit de ma nervosité, j'étais capable de saisir la pleine signification de cette scène extraordinaire, en ayant une conscience aiguë du souffle de la Nature – inspiration et expiration –, une Nature paresseuse, puissante, débridée, comme elle l'avait toujours été avant qu'une progéniture, aussi volontaire qu'habile, n'ait appris à la dompter pour ses propres desseins.

9.

Le piège à léopard

Un après-midi, comme je revenais de la *shamba*, Abdulla, volubile, me dit qu'il avait vu un troupeau de cobes[1] au sommet de l'escarpement. Comme tous les boys voulaient de la viande, je me décidai à prendre un fusil pour essayer de tuer l'une de ces antilopes. J'ai toujours été un piètre chasseur. À la maison, pendant les vacances, pendant que mon frère, fusil sous le bras, allait à la recherche des lapins ou des ramiers, je faisais de longues balades, seulement armé d'une canne de promenade.

Après avoir demandé à un boy d'aller chercher mon fusil, guidé par Abdulla, je traversai la rivière en crue. La forêt était saturée d'humidité. Les fougères qui croissaient dans la vieille litière de feuilles noires étaient détrempées. L'humidité avait noirci le tronc des arbres et, à chaque pas, les lourdes gouttes d'eau suintant de la barbe grise des lichens nous tombaient

1. *Water-buck* (*Kobus ellipsiprymnus*) : une antilope, le cobe à croissant.

sur la tête. Il nous fallut plus de temps que d'habitude pour atteindre la crête de l'escarpement. Les coulées empruntées par le gibier étaient glissantes et encombrées.

Aussitôt sortis de la forêt, commençant à franchir les paliers de l'escarpement qui étaient à découvert, nous avons progressé de buisson en buisson en redoublant de précautions. La haute herbe brune de la saison sèche avait disparu, remplacée par le riche herbage vert d'un parc anglais. En tête, Abdulla se déplaçait en silence, à pas de loup. Il approchait de l'endroit où il avait vu les animaux brouter dans la vallée, des *kuru* (cobes), selon lui la meilleure des antilopes d'Afrique pour la dégustation.

Je suivais derrière, je crois plus occupé à observer mon compagnon qu'à repérer le gibier. Il y avait quelque chose d'extrêmement révélateur dans la démarche d'Abdulla, qui se déplaçait rapidement, ramassé sur lui-même, tous les sens en alerte. Ce n'était plus un nègre quelconque, d'un bon naturel, mais un animal en chasse. Il y avait une expression diabolique dans l'éclat noir de son regard, et une concentration mortelle dans ses attitudes. Il était l'image même de l'homme en quête de sang dans les conditions les plus primitives, l'homme tel qu'il était avant d'avoir acquis le sang-froid complexe par lequel les animaux sont, depuis la naissance, éduqués à manier le couteau avec adresse.

Soudain, il s'arrêta net, comme Ugonjwa lorsqu'il marquait l'arrêt devant une volée de cailles. Lançant un coup d'œil autour du buisson derrière lequel nous étions cachés, j'aperçus, à moins de cinquante mètres, une demi-douzaine de cobes, qui n'avaient aucune idée du danger. J'épaulai et appuyai sur la gâchette. Les antilopes disparurent en un instant, avec ce mouvement saccadé de la crinière, couverte de longs poils rudes, qui leur est caractéristique. Cependant, elles n'étaient pas allées bien loin lorsque l'une d'elles, le jeune mâle que j'avais visé, chancela et s'abattit en se débattant dans l'herbe. Avec un cri sauvage et incohérent, Abdulla s'élança et, en un instant sur le dos de la bête, lui tenant fermement une corne dans les gros doigts de la main, il plongea, avec une lente délibération, son couteau dans le rude pelage du cou et lui trancha la gorge.

Puis il alla chercher des Kikuyu pour l'aider à transporter la viande. Pendant ce temps, je traversai l'escarpement jusqu'à mon repaire favori, la corniche qui surplombait la vallée du lac El Bordossat. À une trentaine de kilomètres, les pentes de la haute montagne, à présent reverdies, avaient l'air plus romantiques que jamais. Personne n'a jamais cru qu'il pût y avoir la moindre traîtrise dans ces « monts délectables[2] ». Cependant, tout en soupant tranquillement à l'abri des murs de pierre de la maison, je savais que mille yeux perçants m'épiaient à travers le luxuriant écran de verdure qui tapissait les pentes de ces lointaines sentes. Du sang ! Du sang ! Du sang ! Impitoyable, jamais lassée, telle était la quête de cet élixir divin. Elle se poursuivait nuit après nuit, tandis qu'un vent indifférent passait en gémissant à travers

2. Allusion au *Voyage du pèlerin* de John Bunyan, lecture favorite de Theodore Francis Powys.

les buissons d'épines et qu'une lune hagarde continuait de courir derrière des lambeaux de nuées noires.

Le crépuscule était déjà là quand j'ai de nouveau franchi la rivière et traversé le champ de maïs que Maniki avait planté au pied des enclos du bétail. Les boys se préparaient à festoyer. Je les entendais exulter tandis qu'était distribuée la viande saignante. Il semblait, dans mon propre logis, y avoir de la surprise dans l'air. Soudain, j'ai vu la silhouette d'un homme blanc sortir de l'arrière-cuisine. Mon frère Willie, qui avait obtenu une semaine de permission ! En un éclair, toutes mes angoisses, tous mes soucis s'évanouirent.

Pendant les trois derniers jours de vacances, il s'occupa à construire une boîte piégée. Pour une raison à lui, il voulait absolument capturer un léopard vivant, et il passa un temps fou dans la forêt à fendre du bois de cèdre. Quand il considéra en avoir une provision suffisante, il transporta les rondins jusqu'au trou d'eau où s'abreuvaient les cochons et se mit à construire le piège. Il enfonça chaque pieu dans le sol jusqu'à cinquante centimètres de profondeur environ et bâtit de cette façon une sorte d'abri qu'il coiffa d'un toit avec d'autres pieux cloués aux pieux verticaux. Derrière cette boîte, il en construisit une plus petite, où l'appât allait être placé.

Le sol, près des bûches qui séparaient les deux enclos, avait un fond factice qui, à la moindre pression, agirait sur le cran d'arrêt attaché à une longue perche maintenant en équilibre la lourde grille qui s'effondrerait bruyamment dès que l'équilibre serait rompu. Je ne me privai pas de me payer la tête de mon frère à propos de l'invention de cette drôle de cahute. Il me semblait incroyable qu'un léopard s'aventurât jamais dans un tel endroit. Malheureusement, Willie dut partir avant d'avoir achevé la chose. Cependant, après m'avoir tout expliqué, il m'arracha la promesse formelle d'en faire l'essai. Le piège fut achevé trois jours après son départ. Selon les instructions, j'empruntai une chevrette et la mis dans l'enclos intérieur.

Le lendemain matin, s'il vous plaît, comme je sortais quelques cochons des porcheries, j'entendis la voix pleine d'excitation d'un boy qui traversait la *shamba* en courant : *Chui! Chui! Chui!* Cela ne me plut qu'à demi. Pas une petite affaire pour un tuberculeux naturellement attiré par les livres d'être soudain appelé pour tuer un léopard enfermé dans une boîte piégée. Je me dis que j'allais suppléer à mon ignorance dans le maniement des armes à feu en en emportant toute une provision. Je pris avec moi un rifle, un fusil de chasse, et une Winchester à répétition. Je m'approchai des rondins de cèdre avec la plus grande prudence : les pieux n'étant séparés que de cinq centimètres, il était impossible de voir entre les interstices avant d'être tout près. Il me fallut être à moins d'un mètre du piège avant d'apercevoir la grosse tête jaune furieuse de la bête. Elle me regardait dans les yeux, et je ne suis pas près d'oublier le frisson qui me parcourut le dos en rencontrant le froid regard furibond de ce chat prisonnier. J'ai tiré, comprenant, une seconde plus tard, que mes pires craintes allaient se réaliser. Secouée dans toutes les directions, la cage tanguait, et des rugissements assourdissants s'élevaient derrière les pieux. Parfois, j'avais l'impression que c'était la clôture du piège qui allait céder, parfois que c'était le toit. Changeant de place, je tentai en vain de tirer une balle mortelle. Inutile. L'animal ne faisait que tourner en rond, comme un écureuil dément. Soudain, j'entendis le bruit d'un rondin qui craquait et je vis surgir une grosse patte qui se mit à déchirer et à ébranler un pieu mal assujetti. Des éclats de bois commencèrent à voler et je compris que le léopard allait se libérer. Ce n'était qu'une question de minutes. Les indigènes s'enfuirent. Empoignant le fusil de chasse, chargé à la chevrotine, je fis feu. Misère de misère, je compris que je n'avais réussi qu'à mieux détruire le rondin brisé. La déflagration, cependant, avait eu un heureux effet : le léopard s'était remis à tourner en rond, ce qui me procura l'occasion – inespérée – de passer du côté exactement opposé à la dangereuse ouverture. Les griffes recommencèrent à déchirer et à lacérer le bois, mais, avant de voir le rondin céder, m'accroupissant, je mis le canon du fusil contre la fourrure de la bête, au défaut de l'épaule, appuyai sur la gâchette et l'étendis raide morte.

C'était un très gros léopard, avec une belle fourrure que – il faut le dire – je gâchai complètement, car c'était la première fois que je traitais une peau. Je ne retendis jamais ce maudit piège. Deux ans plus tard, chevauchant près de la ferme, je fis un détour pour revoir l'endroit de cette naïve aventure. Le piège était toujours là, mais il ressemblait à un refuge d'enfant, entièrement recouvert d'un fouillis de plantes grimpantes.

10.

La vallée du Grand Rift

À droite de la ferme forestière, dans une vallée faisant face à l'escarpement, environ quinze kilomètres plus loin, s'élevait une haute chaîne de collines, inégales, rocheuses, coupées d'arbres. Souvent, à l'approche du soir, je sortais faire un tour jusqu'à un promontoire de pierres plates, à quelques centaines de pas de la petite maison, pour regarder ce noir horizon de collines qui me fascinaient, peut-être parce que les indigènes pointaient souvent le doigt dans cette direction en disant « *baya sana* » ou « très mauvais », indiquant que ces parages étaient infestés d'animaux sauvages et dangereux. En ces occasions, ils imitaient l'infernal ronflement d'un rhinocéros en train de charger.

En plein jour, je regardais ces lointaines collines avec une grande indifférence. J'avais alors, en suivant péniblement l'attelage de bœufs aux sabots profondément enfoncés dans la riche terre brune du champ, l'impression qu'elles formaient un arrière-fond approprié à ces quelques arpents de terre cultivée. À la tombée de la nuit, c'était très différent. J'avais pris l'habitude de m'asseoir une demi-heure chaque soir sur le promontoire en saillie pavé de rochers plats. Aucune herbe n'y poussait et les paliers dénudés, pleins de crevasses, étaient le repaire favori des chacals, qui montaient furtivement dans l'ombre pour hurler à la lune en pointant le museau. Je m'y rendais tard dans l'après-midi, après avoir distribué les rations aux boys. Comme la température baissait à la tombée de la nuit, l'atmosphère était pleine de l'odeur douce-amère de bûches en train de brûler et, chaque fois que je quittais des yeux ce formidable horizon, j'apercevais de plus en plus clairement à travers les arbres tors l'éclat rassurant des feux intermittents près des cases.

À mesure que les semaines passaient, ces lointaines collines commencèrent à m'obséder. J'avais peur d'elles, peur de cette solitude inviolée et, en même temps, de plus en plus envie d'explorer ces obscures retraites, de grimper au sommet de l'un des pics déchiquetés au pied desquels, certains matins clairs, je m'étais imaginé avoir vu se mouvoir des formes noires.

Je pris enfin un jour de congé pour traverser la vallée à dos de mule en compagnie d'Abdulla. Il ne nous fut pas facile de grimper sur les pentes montagneuses, le sentier emprunté menant souvent traîtreusement à d'inaccessibles crevasses que la mule était bien incapable de franchir. Dans toutes les directions, il y avait des traces de pachydermes, certaines datant de plusieurs mois, d'autres si fraîches que, des tiges de certaines succulentes, la sève suintait encore aux endroits où elles avaient été écrasées ou brisées. D'obscures retraites feuillues loin au-dessus, nous parvenaient le bavardage de singes et le bruit de gorge d'oiseaux dont les cris rauques fracassaient avec exultation la fraîcheur de l'atmosphère tropicale, au point que, criardes, les trompettes orange des corolles semblaient elles-mêmes émettre une musique stridente. Puis nous nous sommes enfilés dans un ravin tellement abrité par d'inextricables entrelacs de vignes grimpantes qu'il semblait que, depuis des siècles, aucun rayon de soleil n'avait réchauffé le sombre humus dans lequel s'enfonçaient les sabots étroits de la mule.

Une fois franchie la ceinture forestière, il a été plus facile d'avancer. Je m'étais mis en tête de grimper jusqu'au sommet d'un rocher à pic, dont le flanc jaune lézardé, vu du promontoire aux chacals, était un remarquable point de repère. Je m'aperçus que ce rocher-là était beaucoup plus loin que je ne l'avais imaginé. Les collines que nous avions à traverser pour l'atteindre étaient couvertes d'une herbe rouge qui, à peu de distance, ressemblait à de l'avoine anglaise, couleur de rouille et prête à être fauchée. Des troupeaux de zèbres paissaient dans ces grands espaces montagneux, çà et là suivis par un bubale roux aux cornes puissantes[1], tandis que, de temps à autre, loin au-dessus, tombait de l'éblouissante clarté du ciel le cri à répétition d'un aigle africain.

Au pied du rocher, après avoir mis pied à terre, je me suis restauré avec une aile de perdrix, quelques sandwiches

1. *Alcephalus buselaphus* : le bubale roux ou kongoni. Antilope d'Afrique.

au miel et des bananes kikuyu. Le miel m'avait été donné quelques jours plus tôt par un Wondorobo[2]. Il avait mis dans une gourde cette curieuse substance noire, pleine de pattes et d'abdomens d'abeilles sauvages, ce qui prouvait que, même si le sagace oiseau indicateur[3] avait désigné à l'homme l'arbre où se trouvaient les rayons de miel, il ne lui avait pas été facile d'arracher ce précieux trésor aux insectes furibonds.

Un petit ruisseau coulait près de l'endroit où nous étions assis. Après avoir mangé, j'allai m'y désaltérer et me baigner cheveux et barbe dans sa fraîcheur. Suivant mon exemple, Abdulla fila s'asperger les cuisses, noires et musclées. Cependant, la mule grise broutait près du trou d'eau en balançant la queue, levant la tête de temps à autre pour nous lancer l'un de ces longs regards pleins de calcul et de perspicacité caractéristiques de ces hybrides si madrés. Au centre de la mare, un rocher plat, quelques centimètres au-dessus de l'eau, était entièrement couvert par une masse tremblante de papillons, un voile ondulant de papillons de toutes les couleurs – jaunes, rouges, bleu de Prusse – ouvrant et refermant des ailes damassées dans la chaleur intense. Je n'aurais pu dire si, ayant trempé une trompe délicate et assoiffée dans cette grise humidité de fougères, ils s'étaient maintenant installés sur le rocher, fous d'extase et de bien-être, mais le spectacle de ce rassemblement frivole d'un impalpable raffinement,

2. Tribu du Kenya comme les Massaï.
3. *Prodotiscus regulus*, l'oiseau indicateur de Wahlberg.

d'une impossible fragilité, d'une beauté impossible, me fit de façon étrange apprécier la sophistication baroque d'un continent capable de produire, d'une façon stupéfiante qui n'appartient qu'à lui, les contrastes aussi violents qui s'offrent à l'apparition d'un rhinocéros à gros ventre et à celle du brillant voile de beauté aux ailes ondulantes posé sur cette pierre sèche.

Au bout d'un moment, quittant Abdulla et la mule, j'entrepris l'ascension du rocher. L'herbe était glissante. En atteignant l'endroit où la crête rocheuse devenait à pic, j'en fis le tour dans l'espoir de trouver une cheminée qui me mènerait au sommet. Je découvris ce que je cherchais et, lentement, pas à pas, tentai l'escalade. Étonnés, les damans de rocher détalaient à mon passage ou me regardaient d'un air inquisiteur à l'orée de quelque obscure crevasse. Regardant leurs yeux brillants d'excitation, aussi noirs que les baies du lierre, je les entendais presque se demander pourquoi ce gorille pâle et obstiné avait envahi leurs hautes retraites perdues dans la solitude.

Me hissant enfin sur le bloc le plus élevé, je m'aperçus que je me trouvais sur une aire parfaitement plate sur une cinquantaine de pas. Et quel panorama s'étendait sous mes yeux ! C'était la première fois que je contemplais la vallée du Grand Rift, cette extraordinaire cicatrice dans l'écorce terrestre, dont on dit qu'elle part du lac Victoria, traverse la mer Rouge et pénètre au cœur de la Mésopotamie. Et belle, elle l'était vraiment, cette vallée fertile dans la lumière de midi, bordée d'un côté par les pentes austères de l'Eburu, de l'autre par les fiers contours des monts Mau. J'apercevais le lac Nakuru sur la droite et le lac Elmenteita au pied de l'endroit où je me trouvais, au point que j'avais l'impression de pouvoir jeter un galet dans ces eaux améthyste, alors qu'au loin j'arrivais à peine à discerner les rives encombrées de papyrus du lac Naivasha. Entre chaque brillante mer intérieure, gisant comme les boucliers oubliés des héros sur le veld couleur d'émeraude, jaillissaient des volcans dont les cratères déchiquetés qui s'élevaient des immenses pâturages ressemblaient aux crocs brisés de gigantesques carcasses de loups.

Si large, si radieuse, si transfigurée me parut la vallée du Grand Rift quand je tournai la tête pour repérer le sombre plateau de la ferme forestière au toit de tôle ondulée où je vivais, minuscule point brillant au milieu de cet océan de vert, que je me sentis soudain attiré par le nouveau projet. J'eus vraiment envie de chevaucher dans ces grandes plaines si placidement étendues au soleil. Envie de chevaucher le long des rives argentées de ces lacs tranquilles et de vivre dans une terre qui, une fois par jour, recevait les ombres cubiques, anguleuses, de ces cratères éteints.

11.

La souille du cheval des eaux

Peu après cette excursion, j'entendis courir le bruit qu'on recherchait un administrateur pour une ferme située sur la rive même du lac Elmenteita et, fin août, je me retrouvai installé dans une hutte dominant ces eaux étranges. J'avais chargé une charrette hollandaise de tout ce que nous possédions, mon frère et moi, avant d'émigrer en suivant l'attelage de bœufs tirant le lourd chariot plein à craquer sur la vieille route des caravanes où j'avais si souvent vu disparaître les commerçants somali.

J'avais maintenant – et cela dura jusqu'à mon départ d'Afrique quatre ans plus tard – des charges beaucoup plus épuisantes que celles que j'avais eues jusqu'alors. La ferme dont j'étais responsable était l'une des plus grandes et des plus sauvages de la région. C'était une ferme d'élevage de trente mille âcres[1] comportant des pâturages pour deux mille

1. Plus de 12 000 hectares.

têtes de bétail et quatorze mille moutons. Je vivais dans une hutte de torchis qui ressemblait à une cabine irlandaise[2]. Elle avait deux portes, un sol de boue et trois ouvertures qui servaient de fenêtres. Je prenais mon petit-déjeuner à l'ombre d'un vague toit herbu et, de l'endroit où j'étais assis, j'avais vue sur le lac.

Comme prévu, la vallée du Rift différait complètement de la région qui entourait la ferme forestière. Même l'herbe qui couvrait les riches alluvions du sol était différente, une sorte d'herbe rampante, noueuse[3], ne ressemblant pas du tout à la variété rouge des hauts plateaux. La vie sauvage de la vallée était la plus riche que j'eusse jamais connue, plus riche que je ne l'eusse jamais cru possible. Pendant que je sirotais une tasse de thé, d'innombrables gazelles paissaient à portée de fusil et d'énormes autruches à face de dragon avançaient sur la pointe des pieds au milieu des buissons de *lilishwa*. Parfois, j'apercevais la femelle d'un phacochère promenant ses petits sur la route en lacets qui menait de la hutte aux enclos du bétail, parfois les babouins qui venaient tenir des conciliabules près des mangeoires, à l'extérieur des appentis, se balançant sur le bord de la citerne, ou grimpant sur les balustrades, ou se déplaçant à quatre pattes pour

2. Les cabines irlandaises sont habitées par les pêcheurs les plus pauvres, la famille y vivant – dans une pièce – avec son trésor : un cochon. Voir, par exemple, Flann O'Brien, *Le Pleure-Misère*, traduit de l'anglais par André Verrier et Alain Le Berre, dans *Romans et chroniques dublinoises*, traduit de l'anglais par Patrick Reumaux, Patrick Hersant, André Verrier, Alain Le Berre et Rosine Inspektor, Les Belles Lettres, 2015.
3. C'est du chiendent (*Elymus repens*).

m'épier à travers les broussailles, méticuleusement, d'un air sagace. Les oies d'Égypte[4], ces empotées, venaient du lac pour voir s'il n'y avait pas à marauder quelques flocons d'avoine tombés des boîtes transportées chaque soir jusqu'aux baraques où les taureaux étaient parqués.

Il y avait de nombreux chevaux sur le ranch et j'en montais surtout deux : Ramadan, un étalon arabe, et Rossinante, un petit hongre blanc de la région. Il me fut impossible d'aller voir le lac avant plusieurs jours, puis, un dimanche après-midi, les livres de comptes mis à jour, je partis avec Shafara, le chef massaï. Une longue ligne de petites collines s'étendait entre la ferme et la rive et, entre chaque éminence, une clairière herbue semée de rochers s'inclinait jusqu'aux pelouses basses qui, au bord de l'eau, séparaient les acacias du flanc de la colline. Foulant ces claires-voies, je remarquai que le sol était parsemé de petits tas d'herbe, humides et collants, qui avaient l'air d'être tombés des lames engorgées d'une énorme moissonneuse.

Stupéfait, je les désignai du doigt à mon compagnon. *Kiboko !* Hippopotame ! C'était parfaitement exact. Chacun de ces tas d'herbes écrasées marquait l'endroit où l'un de ces gigantesques mangeurs nocturnes avait laissé échapper une nourriture baveuse de ses lèvres plates, carrées, hérissées de soies. J'étais en transe. Depuis ma plus tendre enfance, ces gigantesques chevaux aquatiques étaient pour moi, de tous les animaux, les plus romantiques, passant le temps au fond

4. *Alopochen ægyptiaca* (Anatidées). Ce sont des oies.

du lac entre la lumière trouble des eaux et les frais pâturages obscurs d'un monde irradié par la lune. Une fois franchi le rideau d'acacias, nous avons encore vu de nombreuses traces sur la rive sableuse. La surface lisse et blanche contre laquelle clapotaient les eaux délétères contenait d'innombrables empreintes d'énormes pattes rondes. Mais j'avais beau regarder autour de moi, pas le moindre hippopotame en vue. Où avaient-ils pu disparaître, ces stupéfiants amphibiens ? Était-il possible qu'en ce moment même ils fussent en train d'errer, la tête baissée, dans les grands herbiers situés sous la surface tranquille de ces eaux étincelantes, ou au contraire en train de se rassembler dans les roseaux de l'autre rive, six kilomètres plus loin, pour y passer les heures somnolentes d'un dimanche après-midi ? Cette première visite au lac Elmenteita me laissa une impression profonde. Quel autre pays que l'Afrique aurait pu donner ces acacias aux longues branches d'où tombaient, comme des serpents immobiles, de luxuriants anneaux en un millier de festons incongrus ? Et, de façon caractéristique, il n'y avait pas un tronc, pas un rameau, pas une brindille dépourvus de longues épines saillantes, aussi acérées que des aiguilles à repriser.

Là, sur cette rive perdue, le berger nu à mes côtés, écoutant alentour les cris spectraux des oiseaux aux longues pattes, au long bec, écoutant l'eau clapoter sinistrement comme la langue d'un lion repu contre la rive perlée, je sentis que, même si j'étais submergé plus tard par la vulgarité du monde moderne, celui des voitures, des usines, des téléphones et des « cinémas », je ne pourrais jamais oublier qu'un jour

– un certain dimanche après-midi – j'avais contemplé une partie de la Terre où demeuraient des traces évidentes du formidable génie créateur de Dieu. J'avais l'impression d'être le premier mortel qui, errant loin du berceau asiatique de sa race, avait eu le privilège, en levant la tête, de scruter les noirs secrets de ce continent immense si longtemps inviolé, seulement dérangé par la présence de fabuleux sauriens flânant et s'ébattant sous le soleil solitaire de l'équateur.

Sur le chemin du retour, nous avons remarqué qu'un champ récemment planté de maïs en bordure d'un ravin avait été envahi par les babouins, comme si une population entière de nains avait franchi la clôture. À notre approche, les sentinelles donnèrent l'alarme en poussant des cris gutturaux. La troupe passa immédiatement un gué étroit avant de traverser les broussailles en direction de la forêt. Courant aussi vite que je le pus, je fis feu au jugé sur un gros animal à la traîne. La bête tomba. Comme il n'était pas possible de franchir le ravin à cet endroit, je demandai à Shafara de le contourner. Le singe était masqué par le buisson derrière lequel il s'était écroulé et j'eus l'impression que le Massaï pensait que je l'avais envoyé au diable Vauvert. Un quart d'heure plus tard, je l'aperçus s'approcher de l'endroit indiqué, puis se baisser et ramasser quelque chose sur le sol : un bébé babouin qu'il avait trouvé accroché sur le dos velu du singe mort. La petite créature, d'abord surprise par la chute soudaine de sa mère, avait continué à s'accrocher à elle pensant sans aucun doute qu'elle allait se relever et la ramener dans la forêt avec les autres, comme elle l'avait fait si souvent.

Le petit animal était étrange à voir. Entièrement couvert de duvet noir, il avait des mains minuscules parfaitement formées. D'abord, quand il se sentit manipulé par des étrangers, des babouins qui n'étaient pas des babouins, il ne cessa de faire des bonds et d'être secoué de spasmes. Je le ramenai à la maison. Le soir, refusant toute nourriture, il demeura parfaitement silencieux. Je me dis qu'il allait mourir, comme c'est souvent le cas des animaux sauvages en captivité. Je lui entourai la poitrine d'une courroie que j'attachai avec une ficelle au pied de mon lit de camp. Le lendemain matin, je fus réveillé par un bavardage étourdissant. Je lui donnai du lait et il en but jusqu'à avoir un petit ventre aussi rond qu'une cruche. À partir de ce moment-là, j'ai conquis son affection et nous sommes devenus presque inséparables. Installé à l'avant de la selle, il chevauchait avec moi toute la journée et, à la maison, s'accrochait sous ma veste, tenant dans les mains la poche de mon gilet. Aux repas, il sortait la tête de cette cachette et je le nourrissais de morceaux de sucre ou de tout ce qui semblait lui faire plaisir. Il me remerciait en babillant et j'appris à reconnaître ce langage, bruits d'amour, de colère, de peur, de méfiance. Enchanté par sa personnalité, je succombai entièrement à son influence. Extrêmement intelligent, il savait boire à la tasse sans renverser le lait, dénouer la chaîne si elle était emmêlée, ouvrir les boîtes de biscuits et tirer sur la queue du chien sans être mordu. Une fois, je partis faire un safari pendant un mois. En revenant, je pensai que Tony, mon singe, m'aurait oublié. Pas le moins du monde ! Dès qu'il aperçut le hongre blanc, il sauta du perchoir en poussant des cris d'excitation et, pendant presque deux heures, m'inonda d'un flot de paroles de bienvenue, la tête enfouie contre moi. Quand j'ai quitté l'Afrique, il était déjà presque adulte. Il est mort en 1922. Je ne me priverai pas d'avouer combien j'étais troublé à l'idée d'être séparé pour toujours et à jamais de ce petit orphelin d'Afrique dont j'avais tué la mère.

12.

Mort d'un lion

Semaines et mois passaient très rapidement dans la ferme de la vallée du Rift. Toutes les heures de la journée étaient bien remplies. Il était nécessaire de connaître précisément le nombre de têtes des divers troupeaux afin d'empêcher les vols de moutons. J'étais sans arrêt en train de me pencher au-dessus d'une barrière ou d'une clôture, pendant que, par centaines de centaines, ces animaux singulièrement stupides passaient à travers l'étroite ouverture que je maintenais libre. Je murmurais : trois, six, neuf, douze, quinze à mesure que défilait cet interminable flux de dos laineux qui s'éparpillaient dans l'étendue de la savane. Chaque fois que j'avais compté jusqu'à cent, je faisais passer d'une main à l'autre le bâton de pointage. Et, tout le temps, l'odeur des bêtes dans l'enclos montait de la poussière transformée en fine poudre par la pression d'une multitude d'étroits sabots fourchus qui avaient brisé les croûtes sèches des crottes de mouton, les mouches se rassemblaient sur le bois des balustrades chauffées par le soleil et, tandis que je comptais et recomptais, hébété, mais craignant sans cesse de me tromper, un millier de rêves irréels se bousculaient dans ma tête. Dès que le compte était fait, je me rendais dans les huttes où dormaient les boys – des cases d'un mètre de hauteur environ, faites de branchages, à l'intérieur aussi resserré et aussi cossu qu'un nid de mésanges –, je parlais au berger et vérifiais combien de peaux il avait travaillées pour les mettre à sécher, sans oublier de déduire le nombre de moutons morts quand je faisais mes derniers calculs, assis à l'ombre d'un câprier voisin.

Mon inquiétude au sujet du bétail était également considérable. Les bêtes attrapaient sans arrêt la maladie transmise par les tiques[1] et je devais leur faire ingurgiter des doses de sel d'Epsom, en poussant la bouteille dans la bouche d'un bovin au long museau, immobilisé par les boys, tandis que je lui maintenais la tête du bras gauche. Pour avoir de la viande, les indigènes jouaient mille mauvais tours au bétail. Ils me racontaient qu'un bouvillon était mort d'un mal mystérieux, et, chevauchant jusqu'à l'endroit où gisait la bête, je m'apercevais qu'on l'avait tuée en lui versant de l'eau bouillante dans la gorge ou qu'on lui avait perforé les intestins en lui fourrant un bâton pointu dans l'anus. Pris de colère, j'aspergeais alors la carcasse d'acide prussique, de façon qu'aucun des boys n'osât toucher à la viande et que la bête demeurât non touchée par l'homme. De noires nuées de charognards seraient bientôt là, d'énormes vautours

1. L'anaplasmose bovine.

fauves, mais aussi l'espèce plus petite heureusement nommée «poussins du Pharaon»[2], et ces hideux volatiles chauves à l'allure poussiéreuse allaient se gorger de viande, voleter et mourir sous les yeux de congénères plus chanceux continuant à festoyer dans les branches souillées des arbres voisins.

Peu après l'apparition des premières pluies, à la fin d'octobre, mon frère arriva pour une permission de quinze jours. Il avait très envie de tirer un lion, mais il n'y en avait pas la moindre trace dans les environs. À la fin de la première semaine, il se décida à se rendre à cheval en visite chez un ami, près de Naivasha. Il ne pensait pas revenir avant trois jours. Quand il est parti, le ciel était couvert et, vers deux heures de l'après-midi, il se mit à pleuvoir. La pluie tomba sans arrêt et, aux alentours de minuit, en me rendant au magasin pour aller chercher les rations des boys, l'atmosphère était des plus déprimantes. Un aigre vent froid venant de la forêt soufflait en rafales, transportant avec lui un déluge continuel. Une froide désolation geignarde semblait s'être installée dans la région et le lac lui-même, de couleur sombre et balayé par le vent, avait perdu tout attrait. La nuit tombait, pas le vent ni la pluie. J'allai me coucher de bonne heure.

Je n'avais peut-être dormi que quelques heures, lorsqu'un bruit étrange me réveilla. Comme si une charge de cavalerie passait tout près de la hutte avec un fracas de tonnerre. Me levant d'un bond, je verrouillai en hâte les deux portes qui se

2. Vautour fauve ou vautour griffon (*Gyps fulvus*). «Poussin de Pharaon», vautour d'Égypte (*Neophron percnopterus*) : petit vautour blanc.

faisaient face. Je ne sus d'abord quoi penser, puis, à environ trente pas, j'entendis le meuglement d'un bovin terrifié. Je devinai sur-le-champ ce qui s'était passé. Les deux cents têtes de bétail parquées dix kilomètres plus loin à la lisière de la forêt, prises de panique, étaient revenues en toute hâte au bercail. Je savais qu'il y avait des lions en chasse. Et c'était par des nuits pareilles que ces animaux faisaient des ravages. L'hypothèse était parfaitement juste. Aux premières lueurs de l'aube, un berger indigène vint m'annoncer que «*simba nkwisha pigga moja gombi*» («un lion a tué un bœuf»). Je chevauchai avec lui jusqu'à l'endroit indiqué. L'animal mutilé gisait au fond du lit d'une rivière à sec. Il avait eu le cou brisé et, sur le côté de la tête, on voyait nettement les marques des griffes d'un lion. À l'évidence, le félin avait bondi sur le dos de la créature terrifiée et, dans la lutte désespérée qui avait suivi, avait, d'un coup de patte, disloqué le cou du bouvillon.

Ce lit de rivière à sec était un endroit très laid, mais, à présent, avec le corps mutilé qui y gisait, il était atroce à regarder. La tête du bœuf gardait dans la mort l'expression d'agonie qu'elle avait en s'effondrant sur le sol quelques heures plus tôt dans la lutte. La langue, cette grosse langue qui avait arraché tant d'inoffensives touffes de chiendent, maintenant pendait et, sous les cornes, les yeux vitreux fixaient à l'aveugle, de façon obscène, la bordure abrupte de la ravine. Le lion avait arraché la peau qui couvrait le flanc et les côtes, broyées et brisées, étaient saillantes.

Que devais-je faire ? Je savais très bien que lorsqu'un lion avait pris goût à tuer du bétail, il faisait un carnage.

Je me souvins d'un vieux piège de fer rouillé que j'avais vu, appuyé contre le mur du magasin. En rentrant, je donnai des instructions pour qu'on le transportât dans la ravine. Il fallut deux boys pour soulever du sol cette énorme machinerie. Ce jour-là, je me rendis à cheval dans un lointain élevage de moutons et ne revins que tard dans l'après-midi. Avec maintes précautions, je commençai à tendre le piège, couvrant les dents de débris de bouses de vache et de feuilles sèches. Cela me prit plus longtemps que prévu. La nuit commença à tomber dans le lit à sec de la rivière. J'avais envie d'être ailleurs, n'importe où mais pas là. Tout en tripotant les crans d'arrêt rouillé, je me sentis de plus en plus nerveux. Les lions ont l'habitude de ne jamais beaucoup s'éloigner d'une proie fraîchement tuée, je le savais parfaitement. Ils boivent le sang de la victime, dévorent les meilleurs morceaux et se reposent dans le voisinage jusqu'au soir suivant. Bientôt, l'aigre et forte odeur musquée qui envahit la ravine, la pénétrante et caractéristique odeur de lion, me porta sur les nerfs. À présent que tout était presque prêt, j'hésitai à quitter les lieux avant d'avoir vraiment tendu le piège, mais plus j'étais nerveux, plus je trouvais difficile de manipuler les crans d'arrêt.

Soudain, j'entendis quelque chose bouger dans les buissons au sommet de la rive. Me levant d'un bond, je fus stupéfait d'entendre la voix de mon frère m'appelant par mon nom. Jamais je n'éprouvai un tel soulagement. Plus de tension, plus de peur. Nous avons ri et plaisanté. Le lit de la rivière a perdu son aura maléfique. Qu'importait que le lion fût en train de s'étirer, commençât, mal à l'aise, à bouger, maintenant que mon frère était à mes côtés ?

Le lendemain on apprit que le piège avait disparu, s'était évaporé. On découvrit bientôt la piste menant au lit de la rivière, par laquelle le fauve s'était échappé. On la suivit dans la savane sur un bon kilomètre jusqu'à l'endroit où il avait pénétré dans la forêt. Alors, la partie dangereuse de la traque commença, car nous n'avions pas de chiens avec nous et la densité du couvert offrait au lion de nombreux endroits où s'embusquer. Je suggérai de tout laisser tomber, le piège et le reste, mais mon frère ne voulut rien savoir. Mètre par mètre, nous avons progressé en rampant dans les broussailles. Il était impossible de se tenir debout. J'apercevais les endroits où certaines racines en saillie avaient été éraflées par le piège et, à chaque seconde, j'anticipai une attaque soudaine. Nous avons continué, mon frère en tête, moi en second, deux Kikuyu fermant la marche. C'était une occupation diabolique : ramper sur les mains et les genoux dans les mâchoires d'un lion rendu furieux. Nous avons fini par atteindre une clairière étroite envahie par les hautes herbes qu'aiment les éléphants[3]. S'y risquer était également dangereux mais, au moins, on pouvait tenir debout. Nous avons fini par arriver à un endroit où le lion s'était roulé par terre avec rage en tentant de se débarrasser la patte du piège. L'herbe jaune était saccagée. Nous avons

3. L'herbe à éléphant (*Pennisetum purpureum*), nourriture favorite des pachydermes.

continué, pénétrant bientôt de nouveau dans la forêt, passant lentement d'un arbre à l'autre, à pas de loup. Alors, c'est arrivé : le terrifiant rugissement de défi de l'ennemi. En une seconde, les deux Kikuyu furent dans les arbres et, sur mon âme, je pus difficilement les blâmer. Le simple volume du son provoquait l'épouvante. Il semblait secouer les cèdres jusqu'au tréfonds des racines. On devait l'entendre à vingt kilomètres à la ronde. Le fait de m'être mis moi-même dans le rayon d'action d'un animal capable d'émettre de tels rugissements me parut alors de la folie furieuse. Les échos finirent par s'éteindre. Je n'avais toujours pas vu le lion, et, dans le silence qui suivit, la forêt parut de nouveau vide. Mon frère avançait lentement, le doigt sur la gâchette. Soudain, il épaula et fit feu. La déflagration fut immédiatement suivie d'un grognement de mauvais augure, une énorme masse grondante surgit du couvert et avec de lourds mouvements contraints plongea vers nous. Vingt mètres, dix mètres... mon frère tira de nouveau et, à mon grand soulagement, le monstre aux crocs blancs et à la crinière noire, roulant sur lui-même, tomba raide mort à moins de cinq pas.

C'était un animal splendide dans toute la gloire de la force de l'âge. Et quelle force ! Dans son dernier accès de fureur, il n'avait pas fait plus de cas du piège que si ç'avait été un gant de boxe et maintenant, en dépit de cette bravoure, il gisait étendu de tout son long sur les fougères, entraîné dans la mort par l'arme sans merci d'un subtil et ingénieux ennemi. Assis sur l'épaule du félin dont j'examinais les paupières, les crocs, la langue râpeuse, je ne pus m'empêcher de penser aux rapines de cette vie si abruptement fauchée. Ces oreilles, combien de fois n'avaient-elles pas entendu le dernier cri perçant d'un zèbre, d'une antilope, résonnant comme un tambourin sous le terrible coup de griffe ? Ces yeux à la pupille étroite, combien de vies détruites par la violence n'avaient-ils pas contemplées, dans la forêt ou la plaine, sous le calme éclat indifférent de Canopus, la plus brillante des étoiles[4] ?

4. C'est l'étoile également appelée *Alpha carinæ.*

13.

Un artiste africain

Durant ces années dans la vallée du Rift, j'en vins à mieux connaître les humeurs et les manières des divers indigènes qui travaillaient pour moi. Les Massaï me frappèrent comme étant de loin la plus intéressante des tribus avec lesquelles j'avais à faire. J'employais de nombreux représentants de cette ancienne et arrogante race de conducteurs de troupeaux. Je ne me lassais jamais d'admirer la beauté de leurs formes, leurs membres souples et leurs traits aristocratiques qui suggéraient, à chaque gracieux mouvement du corps, une troupe de Spartiates semblables à des dieux venus jadis en Afrique se bronzer au soleil des tropiques.

Au fond du cœur, le Massaï n'éprouve que du mépris pour les Européens. À la différence des Kavirondo et des Kikuyu, il est impossible de les persuader de porter le moindre vêtement de l'homme blanc. Ils sont persuadés que nous les avons conquis non grâce à un courage supérieur, mais grâce à l'invention d'armes sophistiquées. Oui, ils forment un peuple étrange, ces Massaï. Jusqu'à aujourd'hui, ils vivent de chair et de sang, tenant pour méprisable un régime végétarien seulement bon pour les Kikuyu et les singes. Quand ils ont soif, les Massaï percent d'une flèche le cou de leurs bœufs et recueillent le sang qui gicle dans une gourde, et quand ils ont faim, ils mènent un bouvillon dans le lit d'une rivière à l'écart et le mangent sur place. Je ne me lassais jamais d'écouter les histoires des anciens temps de leur triomphe, avant l'apparition de ce redoutable commerçant, M. Mackinnon, et le « lancement » de la Compagnie commerciale de l'Afrique de l'Est[1]. J'écoutais ces contes autour des feux de camp, avec le dôme noir de la nuit au-dessus de la tête et les petites flammes intimes me dansant devant les yeux. Je les écoutais dans la chaleur de midi, à l'ombre d'un rocher dont la surface lisse portait certaines marques symétriques sans doute gravées là depuis des siècles avec des pierres tendres par un paresseux géniteur du berger pour jouer aux échecs avec la forêt. En ces occasions, l'imagination en proie à une étrange clairvoyance, je voyais ces fiers sauvages invincibles, ces *Il-Muran*, en longues files sur la peau de lion tannée de la savane, arrivant une heure avant l'aube au village ennemi condamné. J'entendais les cris des vainqueurs déchaînés, les hurlements des mourants, je voyais les fumées tremblantes

1. Association commerciale fondée pour développer le commerce africain dans la zone contrôlée par la puissance coloniale britannique et dirigée par William Mackinnon (1823-1893), qui a conçu son entreprise sur les activités commerciales de la région avec l'encouragement du gouvernement britannique. Créée à Londres le 19 avril 1888, la société s'est vue accorder une charte royale par la reine Victoria.

léchées par les flammes, puis, revenant avec eux dans les *manyattas*[2], derrière les troupeaux de bétail volé, être là quand les jeunes filles à la voix de soprano venaient à leur rencontre, joyeuses et folles d'amour. À cette époque, les rapines des Massaï allaient de la Somalie à la ville côtière de Mombasa. Pendant des générations, ils demeurèrent les seigneurs sans rivaux du pays, poignée de lions impitoyables égarés au milieu de moutons à queue grasse.

Les Kikuyu étaient très différents. Pendant des années, ils avaient essayé sans succès de singer le comportement et les coutumes des Massaï. Ils sont joyeux, d'un bon naturel, étourdis, mais manquent de la froide et truculente audace de leurs ennemis d'autrefois. Les Massaï volent du bétail et des moutons, mais rien d'autre. Les Kikuyu volent du bétail, des moutons et tout ce qui peut leur tomber sous la main. Vous pouvez croire un Massaï à qui vous demandez de rester près de vous dans un coin. Le Kikuyu disparaîtra hors de vue, en haut d'un arbre, au premier signe de danger. Vous pouvez frapper impunément un Kikuyu, mais si vous frappez un Massaï, mieux vaut lui faire perdre connaissance sous peine de recevoir six pouces d'acier trempé dans le ventre.

Les courbes méprisantes des lèvres d'un Massaï sont remplies de proverbes tranchants et de serments pittoresques qu'il serait difficile d'imaginer sortant de la grande bouche joviale d'un « Kuke ». « Puisses-tu ne jamais cracher blanc de nouveau », était une exclamation que, comme tuberculeux,

2. La *manyatta* est l'habitation des Massaï.

j'appréciais particulièrement. « Casse ta pipe et deviens bleu » était une référence sinistre et réaliste à la couleur curieuse que prend le visage d'un nègre après la mort. « Un zèbre ne peut pas perdre ses rayures » m'a toujours frappé comme étant une bonne version africaine d'une très ancienne sagesse. Et quel courage ont les Massaï devant la mort, quel terrible et implacable courage ! Shafara, le chef de mes boys, eut une mort horrible. Il travaillait pour moi depuis deux ans et partit faire une pause. En atteignant la réserve, il découvrit qu'un lion mangeur d'hommes semait la panique. Chaque jour, les *Il-Muran* le traquaient, mais il leur échappait sans cesse. Un après-midi, comme Shafara rentrait seul de la chasse, une foule de femmes vinrent à sa rencontre en poussant des hurlements, lui annoncèrent que l'énorme félin était entré dans le village et s'était introduit dans la hutte où la vieille mère du chasseur, une femme aveugle, était clouée au lit.

Shafara avait une courte lance indigène, et, sans la moindre hésitation, se faufila dans le sombre réduit. Songez au courage requis pour une telle action. À l'audace qu'il faut pour se coller à un lion comme une hermine à un lapin. Bataille d'épouvante ! Homme nu contre bête nue. Ces huttes indigènes aux toits pointus d'herbes sont aussi sombres que des caves. Ils roulèrent tous les deux dans la grotte enfumée. Le vacarme, me dit-on, était assourdissant. À coups de dent et de griffe, la bête mordait et déchirait la chair de l'homme qui plongeait et replongeait la courte lance dans le corps jaune en proie à la fureur. Quand ce fut terminé, on trouva l'animal mort et Shafara expirant près de la vieille femme qu'il avait défendue.

L'événement me peina beaucoup à l'époque. J'avais de l'affection pour Shafara et je suivais toujours son avis sur tout ce qui concernait le bétail. Très bizarrement, nous avions parlé de la mort la dernière fois que nous avions été ensemble et, pour quelque obscure raison, il me vint à l'esprit de lui confier l'une de mes lubies – rien de moins, en fait que, si je venais à mourir dans la région, il veillerait à ce que je sois inhumé à cet endroit précis, en vue du lac et pas loin du ravin hanté par les babouins. Après avoir écouté mon propos, il m'avait lancé un curieux regard inquisiteur en disant : « *Sisi sasa kanga, sisi hapana jua siku ndeje eupi taka kula.* » (« Nous sommes comme la pintade, nous ne savons pas à quelle heure l'épervier à gorge blanche fondra sur nous pour nous dévorer. ») Je ne saurais dire pourquoi, mais il y avait dans le ton de sa voix quelque chose comme un oracle. Je me suis demandé plus tard si, alors que nous étions là, tous les deux sous la lumière du soleil, avait retenti l'écho du sort funeste qui l'attendait. Est-il possible, comme certains le disent, que le destin d'un individu projette une ombre palpable à l'approche de la fin ?

Les Kikuyu sont en général plus superstitieux que les Massaï, et peut-être aussi plus sensibles. J'ai rencontré un véritable artiste parmi eux, un jeune garçon à la jambe déformée, mais avec quelque chose d'agréable dans le visage, raison pour laquelle, sans doute, je l'engageai comme homme à tout faire. Dès le début, il me donna du fil à retordre. Il était distrait. Par exemple, si un mouton avait des difficultés pendant qu'on le baignait, j'étais sûr que Masharia était le dernier boy à remarquer que quelque chose clochait. Il était probablement au bord de la baignoire, la ventouse à la main, oublieux de tout, pensant à Dieu seul savait quoi. Devenant furieux, je le battais souvent à coups de fouet. C'était exactement pareil quand les boys coupaient le maïs dans la *shamba.* Si je faisais une ronde à cheval pour vérifier que le travail avançait, j'étais sûr de trouver Masharia occupé à ne rien faire ou en train d'observer les babouins qui se déplaçaient dans la savane et grattaient la terre en quête de racines. Ou, si ce n'étaient pas les babouins, il observait d'un air absent l'eau cristalline du lac Elmenteita qui se colorait de plus en plus à la lumière oblique du soleil couchant. En m'apercevant, il se courbait sur sa tâche avec une énergie exagérée et je passais peut-être sans rien voir, ou je le réveillais en chevauchant derrière lui jusqu'à ce que tous les autres boys éclatent de rire à la vue de leur camarade infirme sautant comme un cabri, au-dessus des rames de verdure dépérissant déjà dans la chaleur. Le temps passant, il m'est venu à l'idée qu'il fallait absolument que je me débarrasse de lui. Il ne semblait pas mériter de gagner cinq roupies par mois. Et puis, un beau matin, même abruti sous ces diables de tropiques, je compris soudain qui il était.

J'étais dans les enclos en train de trier les bœufs, choisissant les bêtes les plus vigoureuses pour les envoyer aux abattoirs de Nairobi. Le bétail ne cessait de se presser contre la palissade, tandis qu'à grand renfort de cris et de coups nous tentions de faire le tri. Chaque fois qu'elles bougeaient, elles envoyaient en l'air un nuage de poussière qui nous étouffait et nous aveuglait. Une demi-douzaine de boys environ travaillaient avec moi dans le corral. Soudain, je m'aperçus que Masharia n'était pas là. Je demandai où il était, mais personne ne semblait le savoir. Laissant les boys continuer comme ils pourraient, je partis à sa recherche dans les huttes, il vivait dans une petite maison de bois à l'origine construite pour servir de dépôt. Ayant été à court de logements pour les indigènes, j'avais permis à Masharia d'y habiter. En approchant, je remarquai que de la fumée sortait de l'auvent, et je conclus immédiatement qu'il était occupé à faire la cuisine au lieu d'aller travailler. Je me dis que c'était la dernière fois qu'il me tromperait et que nous allions, lui et moi, nous expliquer une fois pour toutes.

J'atteignis la porte et jetai un coup d'œil à l'intérieur. Il n'était pas en train de déjeuner mais, avec un morceau de charbon, de faire de grossiers dessins sur le mur de la maison. Il ne m'avait pas entendu venir et, pendant un moment, je restai là à l'observer. Les doigts noirs tremblant d'excitation, il était totalement pris par son travail. Figurez-vous que, pénétrant enfin dans cette minuscule habitation, je m'aperçus que les quatre murs étaient entièrement couverts de dessins, pour la plupart représentant des images du monde qui l'entourait, des images de cet étrange monde visible composé d'êtres humains aussi noirs que Satan, de lions, d'hippopotames, de serpents, de chèvres à barbiche et de tout ce qui se meut à la surface de l'Afrique. L'art du dessinateur était évidemment brut, mais le travail exécuté avec un tel enthousiasme que je restai sans voix. Il y avait une vivante image de moi, un monstre barbu chevauchant un hideux quadrupède crachant du feu par les naseaux. Ha ! Ha ! Il semblait hennir, à la façon des chevaux de bataille d'Israël.

Je le quittai et retournai dans le corral. Mais, tandis que les bœufs massifs plongeaient et s'ébrouaient dans la poussière, je ne cessai de penser à cet étrange enfant de l'Afrique qui sans le moindre doute appartenait à cette compagnie des élus à qui seuls les secrets de la vie ont été révélés.

14.

Terre volcanique

Cette ferme que j'avais contemplée avec excitation du haut de l'escarpement comblait toutes mes attentes. Je n'étais jamais lassé d'en explorer les environs les plus solitaires.

Je visitai chaque cratère l'un après l'autre. Le plus élevé d'entre eux s'élevait abruptement au-dessus de la plaine sur l'autre rive du lac. Je me souviens parfaitement de la première fois où j'ai tenté d'escalader les pentes. Après avoir attaché Rossinante à un arbrisseau au pied d'un ravin à pic, j'ai lentement entamé l'escalade. À mi-chemin j'ai dérangé quelques antilopes des roseaux, qui se sont éloignées en bondissant après avoir émis un étrange sifflement, la queue blanche dressée – on aurait dit des chamois le long de saillies étagées. Le sol rocheux sur lequel je trébuchais était recouvert d'une herbe rampante, semblable en apparence à ce que nous appelons lierre terrestre mais possédant une odeur âcre que l'on pourrait associer à l'aisselle moite d'un léopard. Sur la droite, loin au-dessus de moi, la crête fracturée du volcan, effilée comme un rasoir, plongeait des crénelures tranchantes au zénith. Atteignant enfin le sommet du ravin, je pus vraiment me pencher pour inspecter le bol du cratère. Dix mille guerriers auraient pu camper dans ce vaste amphithéâtre, sans être vus des plaines au-dessous.

Au centre même du creux de la colline circulaire poussait un arbre bas sous lequel se tenait un objet noir parfaitement immobile. C'était un rhinocéros. Comment cette bête pesant une tonne avait réussi à s'introduire dans ce lieu, voilà qui était inimaginable. Deux pique-bœufs sautillaient nonchalamment sur le grand front du rhino dont les oreilles de chauve-souris clignotaient. Que méditait-il au fond de ce cratère tandis que les heures de ce jour tropical passaient lentement avant de glisser dans l'éternité ? Se souvenait-il de quelque lointaine saison où il avait trotté sous le couvert humide près des jarrets carrés de sa mère, ou n'y avait-il rien qui attirât son attention, rien à part la conscience en veilleuse d'une bienfaisante chaleur ambiante et la sensation des griffes de ces oiseaux avides au bec rouge sur la surface grossière de sa cuirasse ? Souvent maintenant, quand j'ai les nerfs à vif, je me rappelle cette scène avec une impression de fraîcheur infinie. Un étroit sentier, large de quelques pieds, courait autour du sommet du volcan. De là, j'avais non seulement vue sur le cratère, mais aussi sur les plaines situées entre la base rocheuse et l'escarpement. Sur cette crête inaccessible qui donnait le vertige, je découvris de nombreuses traces de rhinocéros, d'énormes tas de crottin que je franchissais avec difficulté. En bas, dans les plaines, les zèbres ressemblaient à des mouettes blanches éparpillées sur les vertes terrasses. Sur la droite, il n'y avait qu'une succession d'impénétrables empilements de rochers et de blocs de pierre, un chaos sauvage jusqu'aux monts Eburu trente kilomètres plus loin. Cette étendue désolée est aujourd'hui dans le même état qu'à la fin de la dernière éruption. On passe d'un à-pic à l'autre, chaque fissure et chaque crevasse tapissée d'un épais matelas d'épines au-dessus duquel s'élèvent par endroits des cactus cornus agitant des bras tortueux.

La ferme entourait ces terres ingrates et, à la saison des pluies, je faisais camper les moutons dans le coin le plus éloigné, près du point d'eau où poussait un figuier. Pour atteindre ce point, il était nécessaire de passer sous un autre cratère. Aux premières heures d'un matin froid, fixant des yeux ces hauteurs qui donnaient le vertige, je remarquai qu'un nuage de brume blanche s'élevait dans le ciel au-dessus de la corniche la plus élevée. Par une étroite fissure dans le roc, la montagne éructait de la vapeur ! Une masse d'extravagantes fougères de serre chaude poussaient là, sans doute nourries et encouragées dans la dentelle par l'humidité tiède. Pas étonnant, pensai-je, que le pays soit dangereux, bizarre, étant donné que la croûte terrestre elle-même est à peine formée. On avait vraiment l'impression que cette terre criarde, aveuglante, pleine de créatures rayées ou tachetées, d'anomalies plumeuses, de plantes géantes, était soutenue par le plus grand des hasards, comme si un fourmilier doué d'une énergie peu commune pouvait, par une nuit de lune, être l'instrument inconscient d'un désastre sans précédent !

De l'autre côté de la ferme, dans les profondeurs de la forêt, au pied de la chaîne de montagnes séparant la vallée du Rift du comté de Laikipia, il y avait une source chaude. J'adorais ce bel endroit solitaire et, après avoir attaché le cheval à un arbre voisin et ôté bottes, pantalon kaki et chemise rouge, je me glissai dans les eaux fumantes. La mare avait environ quatre pieds de profondeur et, si je mettais la main derrière certaine pierre, je sentais l'eau bouillir à une température qu'il était juste possible de supporter. J'avoue que je me sentais souvent mal à l'aise quand je me baignais dans cette mare, en proie à l'étrange sensation d'être nu et seul au milieu de la jungle africaine. La simple vue de la peau blanche d'un Européen sur un fond de feuilles aussi larges que des oreilles d'éléphant suggère quelque chose d'exotique, totalement déplacé. Qu'il est mince, qu'il est délicatement construit, qu'il est vulnérable, le corps nu de l'homme !

Un matin, arrivé à une centaine de pas de la mare, j'entendis un grognement derrière moi et, me retournant, j'aperçus la gueule d'un animal qui me montrait les crocs derrière un buisson. Je montai Ramadan à cause des nombreuses pierres cachées dans les hautes herbes. Je pris d'abord l'animal pour une hyène particulièrement sauvage jusqu'au moment où je compris d'un seul coup qu'il y avait dans les broussailles d'autres créatures de la même espèce arrivant dans toutes les directions. Je n'avais maintenant plus aucun doute ; c'était une meute de chiens sauvages en chasse !

Tachetés, les oreilles blanches, ils ne cessaient de faire des bonds dans l'herbe, tantôt levant la tête et montrant les dents, tantôt disparaissant de nouveau hors de vue. L'étalon ne semblait pas le moins du monde inquiet. Il renâclait, comme si de rien n'était. Je n'avais pas de fusil, pas même un bâton, seulement un *kiboko* – ou fouet – en cuir d'hippopotame. N'aimant pas la tournure que prenaient les événements, j'eus l'impression d'avoir mis un temps incroyable à mener le cheval au-delà des quelques mètres de sol inégal. Juste avant de l'enfourcher, je m'aperçus du coin de l'œil que la meute s'était rassemblée et reniflait avec perplexité l'herbe où j'étais passé, comme incertaine de la nature de la chose qui avait dérangé la sieste de la mi-journée. Il devait y avoir plus d'une vingtaine de chiens dans cette meute. Une fois sur le dos de Ramadan, je le laissai aller et fus bientôt à bonne distance du ravin. En fait, je ne pense pas avoir eu les chiens aux trousses. Ils avaient probablement chassé toute la matinée et, rassasiés, avaient eu l'intention de dormir beaucoup plus longtemps dans les hautes herbes, mais il n'était guère rassurant de me dire que j'avais fainéanté à l'aise dans ces eaux chaudes, tandis que ces bêtes hideuses aux mâchoires carrées faisaient la sieste à moins d'un jet de pierre. Ce sont des démons, ces chiens sauvages qui chassent en meute. Il n'y a pas un seul animal en Afrique qui ne les craigne pas. Ils chasseront même – et tueront – des lions s'ils sont poussés par la faim. Leur férocité a toujours impressionné l'imagination des indigènes. C'est pour eux une chose horrible que de voir un daim, noir de sueur, fuyant pour sauver sa vie, et, un moment plus tard, de trouver qu'il ne reste de lui que les cornes. Rejoint par les chiens sauvages, un gibier ne touche plus jamais le sol. Il est projeté dans les airs, la meute grouillant au-dessous jusqu'à ce qu'il ne reste rien. J'en ai pris un une fois au piège, un très vieux chien galeux, dont le regard mauvais rendait crédibles les horreurs qu'on racontait sur eux.

15.

Femmes indigènes avec jeune fille

Les femmes indigènes étaient des créatures étranges à étudier. Celles des Massaï avaient le corps ceinturé de lourds anneaux de bronze si bien que l'on se demandait comment elles s'y prenaient dans les étreintes. Celles des Kikuyu étaient couvertes d'un simple parement de cuir sali de terre rouge. Certaines jeunes filles, agiles chevrettes aux délicats petits sabots noirs, étaient très attirantes. Je trouvais sage d'éviter d'avoir des mots avec ces femmes, surtout les plus âgées. J'appris cela dans la ferme du haut où, en certaine occasion, je tentai d'empêcher un groupe de marcher sur une terre labourée à la recherche de cette herbe en apparence semblable à du mouron, utilisée comme légume. À peine avais-je bégayé quelques mots de protestation que je me retrouvais cerné par une douzaine de ménagères atrabilaires hurlant à toute volée des mots incompréhensibles. Plus la colère montait en moi, plus forte devenait la clameur. Je ne pouvais pas les frapper. Je ne pouvais, tout simplement, rien faire, et je fus très heureux de m'éclipser du champ de bataille avec ce qui me restait de dignité.

Il y avait toujours un certain nombre de femmes libres vivant autour des boutiques hindoues de la gare, qui ne portaient plus la robe traditionnelle, mais s'habillaient de calicots aux couleurs voyantes importés dans le pays par certains commerçants audacieux. Ashmani, le vieux Swahili qui s'occupait des taureaux à la ferme, se flattait aussi d'être proxénète, mais les femmes qui faisaient le tapin à la gare avaient déjà beaucoup servi et on s'en lassait vite.

Livrés à eux-mêmes, les indigènes africains ont d'étranges habitudes sexuelles. Du moment qu'ils sont *Il-Muran*, ou guerriers, les Massaï sont autorisés à vivre avec plusieurs filles de la tribu, mais si l'une d'elles a un enfant pendant cette période, cela est considéré comme une grave offense. Mon boy, Kamoha, m'a souvent dit que, lorsqu'ils rencontraient une fille pour la première fois, les jeunes Kikuyu avaient le privilège de lui caresser les seins – forme de salutation qui m'a paru tout à fait en accord avec les manières primitives et félines de l'Afrique. Cependant, dans cette tribu, la plupart des pères les considèrent comme propriété personnelle, la permission de jouir de leur beauté n'étant pas accordée avant que de nombreuses chèvres aient été amenées dans le *boma*[1] parental.

1. Néologisme d'emprunt lexical de la langue anglaise qui provient du mot swahili *boma* signifiant « enclos pour le bétail » ou « fortin ».

Parfois, l'après-midi, en arrivant au magasin de la ferme, je trouvai une cinquantaine, ou plus, de femmes Kikuyu – vieilles, à point, vertes –, chacune avec un grand sac de maïs à vendre, et j'en avais jusqu'à la tombée de la nuit avant de faire affaire avec elles. Elles avaient souvent parcouru plus de cent kilomètres pour gagner quelques roupies et, de temps à autre, sans doute parce qu'elles demandaient trop, je refusai la transaction et regardai s'éloigner lentement dans la plaine cette file de silhouettes courbées sur le chemin du retour. Elles portaient les grains sur le dos dans des sacs suspendus à une lanière de cuir qui leur encerclait le front. Je les avais vues employer la même méthode pour porter les bébés, le petit enfant noir fixant des yeux inquisiteurs sur le paysage étrange à travers lequel il était ballotté. Les femmes indigènes désirent voyager sans protection masculine pendant la journée, surtout si elles savent que la piste qu'elles se proposent d'emprunter n'est pas fréquentée par les babouins. Elles sont terrifiées par les vieux mâles, qui, déclarent-elles, les suivent en se dandinant, l'arrière-train levé.

Les Africaines sont très superstitieuses, pleines d'inhibitions et de tabous des plus curieux. D'un autre côté, elles ne comprennent pas ce que signifie le « péché » au sens des puritains du monde occidental. Et c'est peut-être pour cette raison qu'on se lasse si facilement d'elles, rien ne provoquant plus rapidement le désenchantement qu'une femme sans cesse en train de rire.

J'ai eu une aventure avec une jeune Kikuyu qui ne devait pas avoir plus de seize ans. J'avais, à cheval, pénétré loin dans la forêt lorsque, soudain, je l'ai vue devant moi, une jeunesse penchée sur une source, occupée à remplir une gourde. J'ai tiré sur les rênes. Elle a sursauté et poussé un cri dès qu'elle m'a vu. J'étais le premier homme blanc qu'elle voyait d'aussi près. Je me suis mis à lui parler en swahili, mais elle ne comprenait pas un mot de ce langage. Cependant, perdant bientôt toute nervosité, et avec la confiance du beau sexe quand il prend conscience des atouts qu'il possède, elle se tint en riant devant moi.

Elle portait une mince lanière de cuir autour des reins. À part cela, elle était nue, avec une peau brune, couleur de pomme de chêne, enduite avec l'huile extraite d'une baie d'eucalyptus odorante.

Je la raccompagnai à cheval jusqu'à sa hutte, un kraal rond caché dans une clairière de la forêt. J'y trouvai son père, occupé à cultiver une parcelle de maïs. Comme il avait quelques notions de swahili, je pus bavarder un moment avec lui avant de partir. Mais en dépit de tous mes efforts, il me fut impossible d'oublier cette fille de la forêt. Les longues années solitaires passées en Afrique avaient fait que mon être tout entier avait faim d'amour, de romance, car c'est exactement ce qui manque dans cet immense continent sombre.

Pendant plusieurs mois après cet événement, chaque fois que j'étais libre en fin d'après-midi, je me rendais à cheval dans la forêt et attendais près de la source l'arrivée de Wamboy. Assis côte à côte, sous un grand arbre, j'essayais de lui apprendre à prononcer certains mots anglais et la taquinais, lorsque, incurvant les lèvres, elle trouvait difficile de bégayer des syllabes qui ne lui étaient pas familières. Elle était fière, incertaine, et de toute façon inaccessible. Le timbre de son rire était la plus jolie chose jamais entendue de ma vie, aussi clair que le cri d'un canard siffleur par une froide matinée de janvier, aussi perlé que le bruit du vent dans un grand peuplier non encore étêté. Plus je la voyais, plus il me semblait impossible de pouvoir jamais me libérer du sort qu'elle m'avait jeté. J'envisageai l'idée de l'épouser. Pourquoi pas. Après tout, nous n'avons qu'une vie, et je pourrais sûrement passer la mienne en faisant pire que vivre dans la forêt avec cette jolie créature. Moi aussi je pourrais, comme son père, passer mon temps à cultiver une parcelle de maïs en envoyant au diable tout ce qui était vulgaire et importun dans le monde moderne. D'autres hommes blancs avaient délibérément abandonné la vie civilisée pour vivre avec des Noirs, pourquoi pas moi ? Je fis des ouvertures au père qui lui parurent plus qu'agréables. Il me dit que si je lui donnais quinze chèvres, dix moutons et une génisse, je pourrais emmener la fille quand je voudrais. Dès que ce plan parvint aux oreilles de Wamboy, elle prit peur. Elle avait voulu rire et jouer, mais dès qu'elle comprit que j'étais vraiment sérieux, une expression de crainte parut dans ses yeux. Il serait inexact de dire que cela me fut vraiment désagréable, pourtant, après réflexion, le mieux semblait de ne plus la revoir et, pendant plus d'un mois, je retins l'envie de me rendre à nos rendez-vous galants.

Taraudé par le démon de l'avarice, le vieil homme finit par venir me voir.

« Prends-la, dit-il. Je te l'amènerai moi-même de force le soir que tu choisiras. Une fois qu'elle aura vécu avec toi, elle commencera à t'aimer et elle n'aura plus peur. »

C'était là une proposition des plus tentantes, mais tant l'affolement de la jeune fille que la grâce muette qui émanait de tout son être me rendirent impossible de pousser plus loin les négociations. Je dis au vieil homme de retourner cultiver son lopin et ne rencontrai plus jamais les yeux provocants de cette rare hamadryade de la forêt africaine.

16.

Tondeuses et toisons

Surveiller un troupeau de quatorze mille moutons n'avait rien d'une plaisanterie. J'en vins à ne plus voir en peinture ces animaux à l'échine ronde et laineuse et à la bouche aussi égoïste qu'obstinée. Pour éviter la gale, je devais toujours les baigner. À certaines périodes, il fallait les plonger longtemps dans un bain rempli d'une solution contre les parasites qui, d'abord d'un jaune lumineux, devenait ensuite d'un brun peu engageant. Avec deux indigènes armés d'une ventouse au bord du chenal, nous poussions sous l'eau la tête de chaque mouton au moment où il passait.

Nous étions écrasés de soleil, la poussière de la cour s'élevait en nuages au-dessus des palissades et le défilé des moutons, sautant dans les enclos où on les baignait, paraissait sans fin. Arrivées là, les bêtes s'ébrouaient, et tandis que je les comptais en ayant dans les mains les pommes de Sodome[1], rondes et jaunes, dont je me servais comme marqueur, j'avais les narines remplies de vapeurs d'arsenic écœurantes et chaudes mêlées à l'odeur d'ammoniaque qui montait des brunes échines fumantes. À ces moments-là, j'avais l'impression d'être sous l'influence d'une bizarre transe hypnotique et je maudissais amèrement mon destin, le misérable destin monotone d'un berger indigne surveillant le bain de son troupeau.

Les choses allaient mieux à la saison de l'agnelage, qui avait toujours lieu en octobre de façon que les agneaux pussent brouter l'herbe tendre poussant au moment où tombaient les légères pluies d'automne. J'installais des parcs pour eux dans différentes parties de la ferme et il était très agréable de rendre visite à ces centres de vie ovine, où les mères inquiètes broutaient par à-coups l'herbe rampante et où les agneaux blancs comme neige, à longues pattes et à longue queue, s'ébattaient dans la savane. Dès que les agneaux atteignaient six semaines, j'allais d'un parc à l'autre pour les marquer à l'oreille, les castrer et leur couper la queue. Je mettais mon point d'honneur à faire cela très tôt le matin, afin que la fraîcheur de l'air atténuât le saignement. Je m'endurcis au point de marquer au fer rouge les longs appendices de ces petits symboles du salut avec l'adresse d'un expert et, tandis que je maniais l'instrument de cuivre couvert de sang, un mince rai de lumière se posait soudain

1. Le pommier de Sodome est très commun dans les régions africaines arides. Ses fruits verts sont comparables à de petites pommes ovales, certains disent à des testicules.

à l'oblique sur la planche sanglante sur laquelle je travaillais. Immédiatement le cri nerveux de l'impala[2] cessait et les premiers oiseaux commençaient à chanter. L'affaire terminée, je m'agenouillais pour compter les agneaux au nombre de queues coupées en tas près de moi, notant le total dans un carnet avec des mains sanglantes de sacrificateur. J'emportais quelque chose comme une douzaine de queues parmi les plus grasses, que Kamoha faisait frire et me servait pour le petit-déjeuner comme un plat d'anguilles.

En janvier commençait la tonte, et le grossier enclos, fermé et vide le reste de l'année comme une église désertée, devenait soudain le centre du travail de la ferme. Les moutons bêlaient, les indigènes bavardaient, les tondeuses cliquetaient, la vieille presse à laine grinçait ; et tout n'était que mouvement et fracas. J'avais pour tâche de classer la laine et, à mesure que l'on m'apportait les toisons, je les répartissais dans les différents bacs. Il y avait des bacs pour les toisons, des bacs pour les panses, pour le premier choix, pour le second choix, pour les boucles. Le contenu de chacun des bacs était emballé, puis, une fois marqués, les ballots étaient placés dans un char à bœufs et acheminés jusqu'à la compagnie de l'Ouganda pour être enfin transportés au marché de Londres, où les ouvriraient des marchands indifférents, peu soucieux des lointains fourrés où les crochets

2. Antilope de taille moyenne de l'Afrique de l'Est, vivant en troupeaux. Le mâle seul porte des cornes annelées et en forme de lyre.

des bardanes avaient réussi à s'incruster dans les fibres délicates de la laine.

On m'apportait petit-déjeuner et repas de midi dans le hangar où les moutons étaient tondus et je travaillais là du lever au coucher du soleil. Souvent, en aiguisant les lames brillantes contre un enclos poli par d'innombrables doigts noirs, graisseux à force d'avoir manipulé des moutons jusqu'à devenir d'un riche acajou, regardant par la porte ouverte, je voyais l'immense plaine africaine qui s'étendait sur des kilomètres et des kilomètres, étrange, ébouriffée, jusqu'aux terrasses des hautes montagnes où dormaient en paix des maraudeurs aux membres lourds, réchauffant au soleil un ventre rebondi, obscurément tacheté.

De longues années passèrent ainsi. Je voyais peu les colons du voisinage. Ma vie se réduisait à un combat sans fin avec le monde matériel, ce qui requérait une énorme concentration d'énergie. Mon esprit seul demeurait libre. En tout cas, ce qui ne pouvait pas être complètement asservi à une domination étrangère. Chevauchant dans d'immenses vallées avec une centaine d'élands du Cap[3] devant moi, traversant de grandes plaines couvertes de trèfle avec des autruches zigzaguant à droite et à gauche, j'avais toujours gardé l'esprit détaché des contingences.

La première fois que je suis arrivé dans la vallée du Rift, Alfred Simpson, un agent comptable, me rendait visite de temps à autre. Il était le directeur commercial d'une grande

3. *Taurotragus oryx*, l'une des plus grandes antilopes d'Afrique.

propriété. Je me suis vite lassé de sa conversation. Je n'ai jamais aimé les clercs, en Afrique encore moins. Il avait une face pâle et on ne pouvait pas le regarder sans immédiatement penser aux chapeaux melons et aux rames de métro. Il épargnait chaque roupie et avait mis fin aux menus larcins en mettant sous clé toutes ses provisions. Quand il avait usé un costume jusqu'à la corde, il le revendait aux indigènes qu'il avait sous ses ordres et chaque fois que le boy qui s'occupait de sa maison cassait une assiette, il devait la payer. Il vivait lui-même plus que chichement, ne mangeait jamais ni biscuits ni fruits confits, en fait rien de ce qui avait le moindre coût. Il ne fumait ni ne buvait. Vivant dans le pays depuis cinq ans, il avait réussi à économiser suffisamment d'argent pour acheter une plantation de café quelque part près de Victoria Nyanza.

D'après ses calculs, il serait riche dans quinze ans. Je me rappelle lui avoir demandé : « Mais que feras-tu de cet argent quand tu l'auras gagné ?

— Ce que je vais faire ? m'a-t-il répondu sur un ton surpris. J'aurai des tas de choses à faire avec. Je rentrerai à Londres et je vivrai à l'aise, avec plein de trucs à manger et à boire, et des cigares à fumer et une bagnole à conduire. Et toi, que te proposes-tu de faire ? a-t-il conclu pour contre-attaquer.

— Quitter ce pays si jamais c'est possible et trouver un cottage dans l'ouest de l'Angleterre pour y vivre le restant de mes jours.

— Vivre dans un cottage à cent livres par an, commenta-t-il sur un ton sarcastique.

— Précisément. »

Trois ans après cette conversation, je n'entendis pratiquement plus parler de lui. Je rencontrai une fois, à la vente gouvernementale de Naivasha, un homme qui venait de ce district et me dit que Simpson n'était pas très bien vu des colons qui s'étaient installés là. Il n'allait jamais les voir et, quand ils passaient chez lui, leur offrait de l'eau à boire. Dans l'intervalle, il crevait de faim et sous-payait scandaleusement les quelques malheureux Kavirondo qui travaillaient pour lui. Il m'intéressait et j'aurais aimé en savoir plus. Il avait évidemment de l'énergie et de la persévérance, et il me paraissait probable qu'il parviendrait à ses fins. Je voyais sa vie s'étaler devant moi comme une carte : les longues années passées à Londres, dans une pension minable, où, comme il me le raconta, il se couchait si tard qu'il n'avait pas le temps de prendre le moindre petit-déjeuner, se contentait de grignoter dans la rue des miettes de biscuit sec et, les lacets défaits, courait pour ne pas rater le train qui le menait au bureau. Puis les quelques années où, le démon du football s'étant emparé de lui, il s'entraînait avec ses pairs sur quelque sinistre et obscur terrain de jeu. Enfin, l'offre inattendue d'un poste en Afrique qui avait complètement changé le cours normal de son existence.

Le dernier chapitre de l'histoire me fut conté dans les circonstances suivantes. J'étais, à Nairobi, dans le quartier des bars miteux fréquentés par le tout-venant de la colonie, peu soucieux des ors de l'hôtel Norfolk, lorsqu'un Hollandais, un gaillard à la barbe blonde en broussaille, qui avait manifestement un coup dans l'aile, est entré dans le bar. Nous avons fini par échanger quelques mots, et quand j'ai appris qu'il venait du lac, je lui ai demandé s'il avait des nouvelles de mon ami.

« Oui, *mister*, je gonnais Simbson, un gonnard qui ne bangeait ni ne buvait rien et disait que banger et boire goûte les yeux de la dête. L'a chopé la dysenderie sans envoyer de bessage à bersonne, l'avait la bétoge que ça lui goûte gher et l'a grevé là-bas tout seul dans sa butain de ferme, et baintenant bouffe des bissentits bar la racine, comme tous les butains de gonnards qui ne bangent ni ne boivent que dalle. »

Telles furent les dernières nouvelles que j'eus, mais je me surprends souvent à penser aux os de ce pauvre diable de rond-de-cuir enterrés là dans cette plantation perdue, alors que moi, par une chance inouïe, je suis toujours vivant, je m'active, je fume des cigarettes, j'écris des proses choisies et je déguste, en la saupoudrant de sucre, la divine pulpe rouge des melons d'eau chaque fois que la saison revient.

17.

Deux figures africaines

Un autre personnage étrange était un rouquin nommé Fenton, qui avait environ quarante ans et des traits de Scandinave taillés à la hache. Il avait acquis de la terre, dans les premiers temps de la colonisation, défrichant lui-même la savane et la débarrassant des broussailles. Il avait, en bordure d'un ravin profond, construit une maison fantastique, totalement différente de la demeure africaine habituelle. Elle n'avait pas moins de trois étages et, vue pour la première fois, la bâtisse vous donnait un choc. Les indigènes avaient une peur bleue de Fenton, et après avoir vu cet édifice de cauchemar, cela ne m'étonnait pas. Il y avait vraiment quelque chose de sinistre dans l'aspect lugubre de cette corbeautière collée à la lisière de la jungle.

Je ne connaissais pas bien l'énergumène. Un jour vint, cependant, où je fus très heureux d'accepter son hospitalité. Je m'étais aventuré très loin, et il n'y avait pas l'ombre d'une chance que je pusse rentrer chez moi avant la tombée de la nuit. Cela m'inquiétait. À dire vrai, je n'aimais guère passer la nuit dehors en Afrique. C'était l'une de ces tristes journées, à la saison des pluies, où le climat du plateau africain subit une remarquable transformation et ressemble à s'y méprendre au climat d'Angleterre en octobre ou novembre. De lourds nuages dérivaient dans le ciel, d'horizon à horizon, laissant dans leur sillage une pluie froide, fine et pénétrante qui traversait les feuillages et trempait l'échine des zèbres tristement regroupés sous les arbres et balayés par les vents. À chaque pas, mon cheval glissait sur le sol gorgé d'eau et de petits ruisseaux, dégringolant de la selle, me glaçaient les jambes. Noir d'humidité, mon imperméable pendait, lourd et détrempé. Malgré cela, je pense que j'aurais continué si je n'avais pas entendu un lion rugir dans les environs. Il est toujours désagréable, en plein jour, d'entendre ce bruit qui signifie, bien sûr, que les animaux sont affamés. Comme j'étais par hasard près de la piste menant à la maison de Fenton, je fis prendre cette direction au cheval que je montais. Avant d'atteindre la porte, il faisait noir.

Après souper, je lui fis remarquer que j'avais entendu un lion rugir dans les plaines au-dessous. Il me répondit qu'un lion mangeur d'hommes rôdait dans les environs, ajoutant qu'il venait, cet après-midi même, de poser un piège à feu pour le prendre.

Avant d'aller nous coucher, nous sommes sortis un moment de la maison. La nuit était d'un noir de poix : pas de lune, pas d'étoiles, seulement ce continuel déluge de pluie. Trébuchant soudain sur de nombreux objets ronds et glissants qui paraissaient régulièrement disposés au bord du sentier menant à la porte d'entrée de la maison de mon hôte, j'ai poussé un hurlement sous la pluie battante pour savoir ce que c'était.

« Oh, ne touche à rien, c'est ma bordure.

— Mais… c'est quoi ?

— Des crânes, des crânes ! » cria-t-il à tue-tête.

C'était parfaitement vrai. L'énergumène avait réuni des quantités de crânes humains lumineux et ronds qu'il avait alignés pour le guider jusqu'à la porte de sa demeure, tout comme en Angleterre les garde-côtes disposent des pierres blanches en bordure de la falaise.

Le lendemain matin, il me demanda de l'accompagner jusqu'au piège à feu. Au moment de partir, on le pria d'aller soigner une vache malade et je me rendis seul à ce piège que je trouvai très facilement, dans la savane, à une cinquantaine de pas de la forêt. Je m'en approchai avec une extrême prudence comme je le fais toujours quand je m'approche de ces barricades circulaires qui, en dépit de leur apparence inoffensive, cachent souvent un animal blessé et rendu furieux. Même tout près, je ne voyais rien. Alors, je remarquai que le lion s'était introduit dans le *boma* de l'autre côté de l'endroit où le fusil avait été placé. Me sentant rassuré en me disant que la bête s'était éclipsée sans avoir été blessée, je pus enfin pénétrer dans l'enceinte. Je m'attendais à voir là le cadavre mutilé de l'animal utilisé comme appât, la carcasse d'un bœuf, d'un zèbre ou d'un cobe. À la place, il y avait le corps raidi et noir un indigène sans tête. C'en était trop pour moi. Je revins en toute hâte et réclamai mon cheval. Ma nervosité mit Fenton en joie.

« Bon Dieu ! dit-il, qu'est-ce qui ne va pas ? Le mangeur d'hommes a tué ce pauvre diable il y a deux jours au moment où il traversait le ruisseau et je n'avais rien d'autre pour appâter le piège. Mais je suis vraiment désolé que la tête ait disparu, parce que j'avais une place pour elle au bout de ma bordure ! »

Les Hollandais que je rencontrai dans la région étaient de drôles de zèbres, les descendants de ces rustres mal dégrossis qui ridiculisèrent les Britanniques à l'époque de la guerre des Boers. Je ne pouvais jamais en voir un sans me remémorer ce triste épisode. Je revoyais, comme si c'était hier, les forces anglaises bien disciplinées essayant de fondre sur ces vieux renards matois de la savane, qui savaient à quel moment exact il fallait fuir, et le moment exact où se dérober entre le couvert et les rochers. Le fait est qu'on ne peut jamais prévoir ce qu'un Hollandais va faire. Celui que j'ai le mieux connu était, depuis plusieurs mois, chargé de creuser un trou d'eau profond, une citerne comme on dit en Australie, dans une vallée éloignée de la ferme. Il vivait sur place, sous une tente, et comme endroit sauvage et isolé il était difficile de trouver mieux.

Presque chaque semaine, je me rendais à cheval jusqu'à cette vallée, pour surveiller la progression des travaux. En ces occasions, je le trouvais invariablement occupé à mener l'attelage de bœufs jusqu'à la fosse, vidant chaque fois, avant de faire demi-tour, le chargement de terre qu'ils transportaient. Je le voyais toujours de très loin, petite silhouette au milieu d'un tourbillon de poussière et, plus j'approchais, plus j'entendais les cris d'exhortation qu'il poussait, ainsi que le claquement du long fouet qu'il maniait avec une extraordinaire dextérité sur les flancs des bœufs qui suaient et soufflaient en s'épuisant sous le soleil des tropiques.

Il dételait dès qu'il m'apercevait et regagnait la tente sous laquelle nous faisions cuire ce qu'il avait réussi à tuer, ce qui me faisait oublier les soucis et les emmerdements de la ferme. Je pris l'habitude de profiter de ces occasions, assis à l'ombre bienvenue de la toile où j'écoutais les discours sans queue ni tête de mon pote, les yeux fixés sur l'herbe sèche de la savane qui, sous le soleil brûlant, miroitait comme un tapis d'or fin.

C'était un drôle de type, toujours rasé à la diable. Même sous la tente, il gardait sur la tête un casque cabossé, sur les bords duquel dépassaient des boucles de cheveux couleur de sable. Il avait les pieds chaussés d'une paire de bottes monstrueuses, aussi lourdes que du plomb, des bottes gigantesques, faites de Dieu seul savait quel cuir et partout cloutées d'embouts de fer qui les faisaient ressembler à des fers à cheval. Je m'étonnai un jour de leur taille.

« Ah, dit-il, bour être bien faites, elles sont bien faites, un homme a bas besoin de bottes bour le bal dans ce butain de bays. Regardez le boulot que je fais, je boulonne dur, *bister* Bowys. »

Je fus incapable de réfuter ce dernier argument, mais ne comprenais toujours pas pourquoi il avait une prédilection pour des galoches aussi lourdes. Je découvris bientôt qu'il pouvait en faire bon usage.

Cet après-midi-là, il me demanda de l'accompagner sur la pente d'une certaine colline où il avait découvert une source dont l'eau, si elle était bien conservée, pourrait à son avis suffire à des fins pratiques. Comme l'endroit était à moins de cinq kilomètres, nous avons décidé d'y aller à pied. Il faisait très chaud et, à mesure que nous progressions dans les broussailles décolorées, le soleil ne cessait de nous tomber dessus avec une venimeuse intensité. Je commençai bientôt à regretter de ne pas avoir pris le cheval. Le chien bâtard du Hollandais souffrait autant que nous de la chaleur. Chaque fois qu'il parvenait à un endroit ombragé où les broussailles étaient plus denses que d'ordinaire, il s'allongeait, la langue pendante, les pattes arrière tendues. Mon compagnon tenait beaucoup à ce chien, éprouvant pour lui cet attachement tenace qui croît dans le cœur des êtres humains vivant dans la solitude avec ces animaux généreux comme seule compagnie.

Chaque fois, donc, que le chien était à la traîne, il insistait pour que nous l'attendions. Il me semblait qu'à ce rythme nous ne parviendrions jamais au but. Nouvel arrêt. Le Hollandais siffla de nouveau. Nous avions vu le chien pour la dernière fois sous un buisson à une centaine de pas derrière. Soudain, venant de cette direction, nous avons entendu un hurlement de douleur. Demi-tour et à fond de train. Tout en courant, nous entendions une série de pitoyables gémissements, puis, horreur, nous avons vu un léopard accroupi, le chien dans les griffes. Le félin, qui nous tournait le dos, ne nous avait évidemment pas entendus. Ne voulant pas que cette grosse brute me saute dessus, j'ai modifié l'allure. Pas le Hollandais. Sans une seconde d'hésitation, il s'est rué sur le léopard et lui a flanqué l'un des coups de pied les plus terribles que j'aie jamais vus. L'embout ferré de la botte a touché le félin en plein dans les côtes. De l'endroit où j'étais, j'ai entendu le bruit sourd du fer contre l'os. Avec un hurlement de douleur, le léopard surpris a lâché sa proie et filé en boitant dans les buissons, se demandant sans aucun doute quel genre de démon avait pu lui donner un coup si diabolique. Le chien était salement amoché, mais toujours vivant. Le Hollandais l'a ramené en le portant dans les bras.

« Ah, ah ! bafouilla-t-il, ce gros chat avait dans l'idée de bouffer mon bauvre ghien, c'est bien ça, *bister* Bowys ? J'ai qu'un regret : bas avoir eu le demps de lui flanquer un autre goup de botte. »

18.

Le dernier des justes

J'appréciais les dimanches en Afrique. En ces jours privilégiés, je me sentais libre de faire ce que j'aimais. Je restais longtemps assis au petit-déjeuner, fumant des cigarettes pendant qu'une douzaine de vieilles vaches laissées libres de brouter l'herbe près de la maison se dirigeaient en clopinant l'une derrière l'autre vers l'abreuvoir et que les flamants sur la lointaine rive du lac se rassemblaient en formant des traînées écarlates rapides comme l'éclair.

Si l'on ne m'apportait pas de mauvaises nouvelles – événements fâcheux, vols, bétail malade, moutons égarés –, je passais la matinée à lire. Je lisais au moins trois fois chaque vers de Shakespeare, je lisais l'*Anatomie de la mélancolie* de Burton et tout ce que Matthew Arnold avait écrit. Plus réconfortantes, les longues phrases urbaines et raffinées de sa prose gardaient vivante en moi l'heureuse certitude que la vie avait d'autres buts que celui de déployer une activité forcenée pour gagner de l'argent. L'après-midi, je sortais faire une promenade jusqu'à la forêt, ou le long du ruisseau qui serpentait jusqu'au lac Elmenteita. Ce ruisseau provenait d'une source chaude et, sur le dernier kilomètre ou à peu près, courait au fond d'un ravin à pic dont les hautes parois blanches de craie étaient criblées de grottes inaccessibles où dormaient les babouins. Un barrage élémentaire édifié en travers du ruisseau faisait office de réservoir pour une petite pompe hydraulique destinée à remonter l'eau dans les citernes et les abreuvoirs des étables. On atteignait la pompe par un étroit sentier aménagé le long du bord à pic du ravin. J'aimais beaucoup descendre ce sentier et m'asseoir à l'ombre près de l'eau d'où montait l'odeur douceâtre et humide du bief d'un moulin, une odeur qui suggère le mouvement des ouïes d'un poisson qui s'ouvrent et se ferment, et la respiration des anguilles. Je détestais la pompe. Régulièrement, une fois par mois environ, elle cessait soudain de fonctionner et, d'une façon ou d'une autre, je devais la remettre en marche. Elle hoquetait, s'agitait, crachotait, bref faisait tout sauf continuer à pomper sur un rythme monotone. Il est dangereux pour un homme d'essayer de lutter avec la Nature en Afrique. Elle trouve mille moyens de contrarier ce qu'il désire faire. Si la boue de la rivière ne suffisait pas à engorger la pompe, une inondation balaierait la moitié du mur de pierre, ou les foutues petites grenouilles qui se glisseraient dans le tuyau seraient vouées à une mort horrible, écrasées contre le cylindre perforé.

Ô Afrique ! Afrique ! Avec quelle ardeur, quelle sauvagerie tu te venges, dès que l'on coupe la moindre branche ou que l'on touche à la moindre pierre ! Et pourtant l'heure approche à grands pas où même ta bouche à toute épreuve se tordra de douleur sous une double morsure hideuse, et où ton cou de buffle ploiera sous le joug d'une ignoble sujétion.

Dimanche ! En Afrique ce n'était pas une journée encline à une quelconque humeur religieuse. Les terribles rayons du soleil tropical balaient toute obligation ou toute envie de cette nature, les Blancs comme les Noirs devenant des brutes sans âme semblables aux bêtes sauvages. Dans un pays où la seule règle est celle du rifle, de la lance et du fouet, la sensibilité tout entière est mise en veilleuse ou écrasée. Durant la totalité de mon séjour, je n'ai jamais eu un seul indigène chrétien travaillant pour moi. Les missionnaires limitent leurs efforts aux réserves, ne paradant que devant les boys qui vivent au voisinage de leurs établissements. Aucun converti n'a jamais croisé mon chemin. Massaï, Kikuyu, Nandi, Wakamba, Kavirondo, aucun d'eux n'a jamais entendu prononcer le nom du Christ, sauf comme juron sur les lèvres des Blancs. Un jour j'ai « fait signer » un Swahili, un vieil homme dont les noirs cheveux crépus avaient commencé à blanchir. Les Swahili sont une tribu de la côte qui, pendant des années, a fait du commerce avec les marchands arabes. Ils sont plus utiles que les autres indigènes, car plus intelligents et plus fiables. Depuis que le pays est ouvert, ils sont nombreux à avoir essaimé dans les hautes terres de la colonie. Ce vieux se nommait Salamani et, après avoir passé un mois avec lui, je commençais à l'apprécier énormément. Il était lent, mais d'une honnêteté scrupuleuse. Lui ayant demandé de construire un abri pour le bétail, chaque fois que je chevauchais jusque-là, je le trouvais toujours au travail. En fait, j'en vins à le considérer comme un vieil ouvrier du Dorset, digne de ma confiance. Il y avait cependant, chez lui, une chose qui me chagrinait. À la ferme, la règle était que la journée de travail se terminait à dix-huit heures trente, mais, jour après jour, Salamani prenait le chemin de sa hutte à dix-sept heures vingt-cinq ou quelques minutes avant le coucher du soleil. Parlant de cela avec lui, je lui expliquai que c'était, pour les autres boys, un très mauvais exemple de le voir partir une heure avant la fin de la journée de travail. En ces occasions, il me donnait à entendre qu'il avait compris la leçon, mais pas plus tard que le lendemain, il se dirigeait d'un pas traînant vers sa hutte, une demi-heure avant l'heure prévue, comme si de rien n'était. Je tenais beaucoup à ce que l'abri fût terminé le plus tôt possible, de façon à pouvoir y loger des animaux, et c'était à Salamani de couvrir le toit de chaume avec des roseaux à balais qui poussaient dans les marais proches du lac. Imaginez mon exaspération en trouvant, tard dans l'après-midi, tout le travail en plan car, ainsi que finirent par me l'avouer les autres indigènes, Salamani, qui était seul capable de poser correctement le chaume, avait choisi ce moment précis pour débrayer. Muet d'indignation, je me rendis à sa hutte, sur le flanc d'une colline surplombant le lac. Je m'approchai silencieusement, *kiboko* en main, dans l'intention de le prendre par surprise et de lui apprendre une fois pour toutes qu'il ne pouvait pas quitter le travail dès qu'il en avait envie.

En atteignant la hutte par-derrière, où étaient alignés des ustensiles qui brillaient, je pris conscience d'entendre un étrange marmonnement. Je fis le tour de l'habitation en rampant et là, devant l'entrée, je le vis. Mais je fus incapable de lever la main sur lui. Quelque chose dans l'attitude qu'il avait me désarma complètement. Salamani priait.

Il était là, à genoux, les bras levés au-dessus de sa tête blanchie. Là, en prières, comme les marchands arabes de jadis l'avaient appris à ses pères, l'ayant eux-mêmes appris de leurs pères qui, des années auparavant, l'avaient appris de la bouche même du Prophète. Silencieusement, je revins sur mes pas. Je savais maintenant que dans cette ferme perdue de la vallée du Rift, où nous vivions des vies sevrées d'amour, de religion, il y avait encore un être humain qui, matin et soir, n'oubliait jamais d'implorer la Divinité au lever et au coucher du soleil.

Même si les indigènes n'ont pas grand souci de Dieu, ils ont une sorte de moralité qui leur appartient, un sens de la droiture dans le comportement. J'ai vendu une fois à un laitier blanc trois vaches métissées qui venaient juste de vêler. Je m'étais rendu à cheval jusqu'à la ferme qu'il possédait et, une fois convenu le prix de la vente, j'ai accepté de venir boire un verre chez lui pour fêter le succès de la transaction. Je n'oublierai jamais qu'en entrant dans la petite pièce qui donnait sur la façade, je suis entré dans le cottage d'un laitier anglais, qu'on aurait transporté au cœur de l'Afrique. Il y avait le grand fauteuil en crin de cheval en face de la cheminée, la demi-douzaine de chaises à dossier droit recouvertes d'un vernis bon marché, la carpette faite de petits onglets près du pare-feu, les inévitables gravures, moches à souhait, représentant des scènes rurales, chacune d'elles avec le clocher de l'église donnant sur des prairies satisfaites d'elles-mêmes. Au-dessus de la cheminée (et cela retint plus que tout mon attention) les photographies du père et de la mère, agrandies au point que les visages ombreux de ces gens simples étaient presque grandeur nature. Je les regardai. Le vieil homme portait des favoris, et sa physionomie exprimait ce mélange particulier de bonhomie stupide et d'honnêteté matoise qui est si typiquement anglais. La vieille dame, en bonnet blanc, donnait l'impression d'une béatitude complète, si bien que lorsqu'on les regardait, elle et le vieux, on en venait presque à imaginer que le monde d'où ils étaient issus devait en réalité être ce qu'ils croyaient qu'il était, un endroit d'ordre et de bienséance, où l'on travaillait paisiblement, où les cloches de l'église sonnaient une fois par semaine, et où les saisons se suivaient depuis soixante-dix ans avec une régularité de métronome, hirondelles et fleurs printanières cédant la place à la fenaison et aux chaleurs d'un été anglais, à son tour suivi par la mise en bouteilles du cidre et des longs mois où le bétail est rentré, chaque vache, une chaîne brillante au cou, nourrie d'autant de foin et de galettes nécessaires pour assurer la quantité de lait qu'elle donne.

Quelques jours plus tard, j'envoyai les trois vaches à la ferme du laitier, aux bons soins d'un Massaï appelé Lesolio. À son retour, je lui demandai de me raconter la visite. Après un moment de silence, il me dit : « Est-ce la coutume, chez les hommes blancs, de laisser crever de faim les bêtes ? » Et, avec les gestes les plus étranges, il se mit à mimer ce qu'il avait vu.

Le laitier, enchanté par le spectacle des pis gonflés des vaches qu'il avait achetées, les avait attachées et traites sans attendre en se disant : « Maintenant, je vais enfin avoir assez de lait pour mes fromages. » Il avait tiré d'abord presque tout le précieux liquide blanc avant de permettre aux veaux de téter et même alors (si j'ai bien compris le mime de l'homme noir) il ne leur avait pas lâché l'arrière-train, les écartant dès qu'il pensait qu'ils avaient assez bu. En bon commerçant, il ne souhaitait pas que les veaux eussent dans l'estomac plus de lait qu'il n'était nécessaire à leur survie.

Cette action avait paru à Lesolio à la fois cruelle et incompréhensible. Les Massaï ne pouvaient pas comprendre que, si le prix du fromage était relativement plus élevé que celui du bétail, l'homme considérât comme parfaitement rationnel et légitime d'affamer les veaux. Pour l'esprit primitif de l'indigène, aucune considération économique ne pouvait justifier une si mesquine entorse aux anciennes lois de la nature. En fait, mettre en danger la vie d'un jeune animal en le privant délibérément de nourriture pour faire des galettes blanches n'était, à ses yeux, rien d'autre qu'un horrible blasphème.

« *Mzungu sasa fisi baya sana.* » (« Cet homme blanc est comme une hyène, très méchant. Il doit être comme les Wandoboro et avoir oublié les paroles que son père lui disait près du feu de camp. »)

19.

De la nourriture pour les cannibales

Un jour suivait l'autre, et les mois, et je ne voyais toujours aucun espoir de délivrance. La guerre continuait, il me semblait que ça ne finirait jamais. Le gouvernement colonial se mit ensuite à réquisitionner de la chair à canon pour la campagne en Afrique occidentale allemande, avec, chez ces bêtes humaines, un taux de mortalité extrêmement élevé. Ayant déjà eu vent de la chose, j'avoue que je n'étais pas très heureux quand le commissaire du district me demanda de lui livrer douze boys. L'un des douze élus était un indigène nommé Korombo. C'était un Kikuyu, mais qui différait des autres représentants de cette tribu en ce qu'il était très gros. Sans exception le plus gros indigène qu'il m'eût été donné de rencontrer. Il ressemblait à l'une de ces jeunes monstruosités obèses que l'on croise parfois dans les rues de New York. Sous la couverture, on apercevait de gros rouleaux de chair, et il avait les jambes si bien couvertes de chair qu'il était impossible de voir l'ossature des genoux.

Korombo accepta ma décision avec le fatalisme caractéristique de sa race. Muúngu (Dieu) était la cause de cette lutte interminable parmi les hommes blancs. Muúngu s'était arrangé pour que je reçoive une lettre officielle. Muúngu m'avait mis dans la tête de le choisir, lui, Korombo, comme l'un des douze sacrifiés.

Avant de partir, il m'apporta un mouton et me demanda de le lui garder jusqu'à son retour. Couvert de poils tenant lieu de laine, aussi gras qu'un cochon de mer, ce mouton était aussi absurde à regarder que son maître. Je le mis dans un troupeau d'hybrides.

Une année passa sans avoir la moindre nouvelle de Korombo. Cependant les histoires les plus atroces ne cessaient de circuler concernant la gestion honteuse des porteurs indigènes[1]. La mortalité était effroyable. Ils mouraient par milliers. Chaque fois que je comptais les moutons de race croisée, je pensais à Korombo. Chaque fois que mon regard tombait sur cet animal grotesque, je me demandais ce qu'était devenu son propriétaire, ce nègre bon enfant et dodu que j'avais si arbitrairement choisi pour « faire son devoir ».

Une seconde année passa, puis, un soir, alors que je fermais à clé la porte du magasin, qui surgit devant moi, sinon Korombo ! Intenable ! Libre depuis une semaine, rayé des rôles à Nairobi, mille aventures à raconter… Assis près de lui avec d'autres indigènes autour du feu que les bergers

1. Le Carrier Corps, organisation militaire créée au Kenya pendant la Première Guerre mondiale pour fournir du travail et de l'appui à la campagne britannique contre l'armée allemande.

entretenaient entre le magasin et la palissade de l'enclos, de ce côté de la barrière, j'écoutai avec grand intérêt ce que le cerveau de ce corpulent sauvage avait retenu de ce périple en Afrique occidentale allemande.

La nourriture avait été abominable, déclara-t-il en indiquant, avec la paume de la main, le volume exact de la misérable portion de riz qu'on lui avait allouée chaque jour. Le travail : harassant. Et, se levant, il imita les mouvements pénibles d'un corps humain chargé comme un baudet. Ce n'était pas tout. Il y avait eu d'autres choses qui l'avaient fait se sentir mal à l'aise. Apparemment, les Belges avaient enrôlé dans leurs bataillons un grand nombre de tribus cannibales originaires du centre du Congo. Korombo, bien sûr, était du même bord que ces drôles de cocos, mais, expliqua-t-il, un sourire pincé errant sur sa face d'ébène, il ne se sentait pas très bien quand des troupes de ce genre étaient cantonnées dans les environs.

Il les avait rencontrés une fois, me raconta-t-il, dans les rues d'un petit village. Ils marchaient au pas, en bon ordre, quand les hommes remarquèrent soudain les formes rebondies de son corps. Immédiatement, ils se mirent à s'interpeller en ricanant « *Nyama ! Nyama !* » (« De la viande ! De la viande ! »)

« Ce n'était pas très agréable pour moi, dit-il. Je me sentais exactement comme mon beau mouton, quand je le sortirai demain du troupeau, car ces chacals étaient affamés, je peux vous le dire. »

20.

Paul J. Rainez & compagnie

Il est étrange que je me souvienne aussi clairement de certains personnages bien connus en Afrique de l'Est, du son de leur voix, de leurs gestes, de leurs habitudes, et des paroles qu'ils ont prononcées !

Je me souviens de Paul J. Rainey[1] et je le vois maintenant, chevauchant sur le sentier qui courait au pied de l'escarpement, au retour d'une fructueuse chasse au lion, dans la force de l'âge, innocent et insensible, l'esprit aussi vierge de pensées que les animaux qu'il chassait. Nous étions partis tôt ce matin-là, et il avait atteint la rive du lac avant le lever du soleil. Les chiens n'avaient levé dans les roseaux que deux grues royales qui s'envolèrent au-dessus de nos

1. Homme d'affaires, philanthrope, chasseur et photographe américain (1877-1923), Rainey s'est forgé une réputation de play-boy. Actif auprès de l'American Geographical Society, du Musée américain d'histoire naturelle, de la New York Zoological Society et de la Smithsonian Institution. Réformé pour raisons de santé, Rainey achète une ambulance et la conduit sur le front occidental pendant la Première Guerre mondiale.

têtes en émettant des trilles hantés comme si, dans ces deux longs corps recouverts de plumes, étaient emprisonnées les âmes douloureuses d'un pharaon passionné et de sa dame d'amour, morts tous les deux depuis longtemps.

Le sable que mon cheval foulait était crissant et parsemé de cristaux, la croûte ayant été partout craquelée et brisée par les lourdes empreintes d'hippopotames indifférents venant de regagner leur retraite aquatique.

Du lac, nous avons traversé une plaine ouverte. Le soleil venait de se lever, et une fraîche beauté diaphane baignait pour un moment les traits hagards du paysage équatorial. Une centaine de pas plus loin, il y avait un troupeau de zèbres aux flancs luisants de rayures et à la tête curieusement tachetée en parfaite harmonie avec la scène éblouissante, le premier plan brillant de rosée, la pointe jaune des arbres et les abords argentés du lac miroitant. Paul J. Rainey le regardait.

«J'aimerais, dit-il, tirer une balle, au milieu de cette petite bande.»

Dans la vallée suivante, les chiens avaient flairé l'odeur d'un lion.

«Je te vois, je te vois, fils de pute.»

C'était ainsi, et pas autrement, que le millionnaire du charbon s'adressait au roi de la forêt.

Le plus grand bonheur qu'il était capable d'éprouver était, dans son essence, identique à celui du plus simple garçon de ferme dont le plaisir est de déterrer des blaireaux dans un bosquet à minuit. Pour lui, le monde entier n'était qu'un bosquet éclairé par la lune à minuit. Comme il avait la chance d'avoir un père ayant fait fortune en spéculant, rares étaient les parties de l'écorce terrestre où les animaux sauvages étaient à l'abri de ses déprédations. En Afrique, il tua une fois neuf lions en trente-cinq minutes. Dans les régions arctiques, un nombre incroyable d'ours polaires, de morses et de phoques tombèrent sous les balles de son fusil, sans parler des animaux qu'il ramenait en cage. Et comme un garçon de ferme mal dégrossi, je ne crois pas que durant les quarante-six années qu'a durées sa vie, il ait eu le plus petit soupçon des ravages que sa présence infligeait à la vie sauvage dans les pays qu'il visitait. Les lions de la colonie du Kenya, harcelés par les meutes de chiens qu'ils avaient aux trousses, furent bientôt « mis au pas » selon l'expression favorite de M. Rainey. Égoïste, superficiel, banal, voilà ce qu'il était, cependant, sauf erreur de ma part, hanté toute sa vie par un quelque chose de sauvage et de beau dans les vies qu'il aimait tellement détruire.

On se demande si, en ce dernier jour de septembre, avant d'être à son tour « mis au pas » en faisant voile vers Le Cap, il s'est souvenu, avec cette curieuse vivacité qu'une catastrophe imminente confère parfois à la mémoire, des rochers glacés peuplés de grèbes du cap York, surplombant les vastes étendues blanches du toit du monde, du chuchotis des halliers de joncs du Mississippi, des étangs noirs bordés de papyrus près de sa ferme de Naivasha ? C'est possible. Le trait de caractère le plus touchant de Rainey était l'affection qu'il avait pour ses chiens, cette affection profonde et intime qui est l'un des paradoxes de la nature du chasseur. J'entends toujours sa voix, cette voix puissante d'Américain encourageant son chien, Ring, comme nous approchions d'un lion acculé dans l'une des clairières de la vallée de Karianduce.

Paul J. Rainey a été inhumé en mer quelque part entre Southampton et le cap de Bonne-Espérance le 18 septembre 1923, le jour du quarante-sixième anniversaire de sa naissance.

Peut-être vaudrait-il mieux que je sois plus discret dans l'évocation d'autres célébrités de l'Afrique de l'Est.

A... (qui l'a bien connu, sinon moi ?) était comme l'un de ces faucons dont le cri était pour lui une musique quand ils tournoyaient loin au-dessus des escarpements rocheux. Il m'avoua un jour que les deux sons qu'il aimait le plus en Afrique étaient le sifflement sauvage de cet oiseau et la plainte du vent à travers les buissons d'épineux dévorés par les fourmis dans les plaines du comté de Laikipia. Et on pouvait comprendre qu'il les aimât, car ils étaient très étrangement en harmonie avec sa nature sombre et altière qui ne s'inclinait devant personne, ni homme, ni Dieu.

J'ai pris une fois un aigle dans un piège à rat, et le regard qu'il m'a lancé du coin d'un œil bordé de jaune (on lui avait lié les ailes avec des bandes d'écorce) était identique à celui de mon ami quand il se sentait pris dans les rets diaboliques du Destin. Les indigènes étonnés expliquaient le mystérieux pouvoir dynamique qu'il possédait en assurant simplement qu'« il avait un estomac noir ». Et inflexible, il l'était vraiment, mais il aimait comme un père un bélier à tête ronde.

Comme j'avais plaisir à le voir tâter les moutons avec des mains adroites couvertes de goudron !

Cependant, s'il pouvait être sûr que les troupeaux étaient dans les enclos, le bétail dans les parcs, les taureaux dans les baraquements, que les chevaux allaient bien, que le foin était à l'abri, la luzerne bien arrosée, le silo à la bonne température, les roupies en sécurité dans le coffre à triple combinaison, aucune conception intellectuelle n'était pour lui trop subtile ni trop délicate à apprécier. Il avait l'esprit vif, dépourvu de clichés, et nombreuses étaient les flèches qu'il décochait quand un bon feu craquant de bois d'olivier flambait dans l'âtre. Mais, même sur son lit de mort, le simple soupçon que l'une des mules s'était écorché les garrots à cause de la négligence d'un régisseur ignare le mettait hors de lui. L'art divin de la conversation au coin du feu, de la poésie, de la philosophie n'était à ses yeux qu'un simple accessoire de la vie, comparé à l'occupation importante, primordiale, d'engraisser des béliers châtrés pour le marché. Comme c'est si souvent le cas chez les gens distingués, il avait un visage qui était rarement le même. Je suis resté sous le coup, ensorcelé par l'inconsciente noblesse de cette tête au grand front blanc, au nez fier et frémissant, aux yeux clairs et au regard franc. Cela, lorsque les taureaux étaient à l'abri et les moutons en sécurité dans les parcs. À d'autres moments, peut-être lorsqu'il jaugeait quelque malheureux larbin, la bouche qui se tordait le défigurait si complètement qu'on avait l'impression de quelque chose d'aussi amer au goût que la peau ridée d'une vieille pomme flétrie. Mais un regard aussi doux et aussi sensible que celui d'une jeune fille lui éclairait bientôt le visage et, aux heures les plus sombres de ma détresse, un tel regard ne manquait jamais de me mettre à son service. Il était vraiment ce qu'on appelle un homme. Dieu, en le secouant maladroitement, pouvait lui briser le dos, mais pas l'esprit. Hautain, arrogant, téméraire, magnanime, c'était son destin de ne jamais demander grâce.

B... était un autre personnage que j'admirais. On ne saurait mieux le comparer qu'à un puma aux membres agiles prenant indolemment le soleil sous les oscillants palmiers de l'Amazone en attendant qu'une occasion d'agir se présente. On avait l'impression qu'il pouvait mener à bien tout ce qu'il entreprenait. Il avait le même courage que A... – mais il était beaucoup moins impatient, combinant l'audace des Élisabéthains avec la sagesse et la double vue du fils de Laërte. La première fois que je l'ai rencontré, il tripotait un pistolet dans une armurerie de Nairobi avec l'intérêt distrait que les hommes d'action manifestent à ce genre de jouets, et son air d'en savoir long, celui d'un aventurier qui connaissait chaque crique cachée, chaque branche du Haut-Nil, et avait observé une centaine de soleils du désert éclabousser d'or les murs blanchis des villes de Somalie, m'a tapé dans l'œil.

C... ressemblait exactement à l'une de ces oies chinoises, courtes sur pattes, à l'air boudeur, au jabot arrondi et aux bajoues rouges, qui se gonflaient d'importance dans les jardins botaniques de Cambridge où j'aimais les observer.

Je les revois encore, se pavanant au bord du lac artificiel peu profond, et caquetant sans arrêt au ciel bleu qu'elles avaient au-dessus de la tête. C… était-il superficiel à force de profondeur ? Avait-il fait provision de vie et, en conséquence, conclu qu'il valait mieux se contenter de l'apparence des choses – sous les applaudissements d'un groupe de spéculateurs de second ordre ? Où son âme, cette petite chose vaine et agitée que personne n'avait jamais vue, était-elle cachée ? Quel flot de paroles – et même de mots d'esprit – pouvait sortir de cette petite bouche volubile ! Il s'empara une fois, sur ma table, d'un mince volume contenant les poèmes de William Barnes – en fait, le choix qu'avait fait Thomas Hardy quelques années plus tôt de ceux qu'il préférait.

« Le bonhomme a probablement passé sa vie entière à écrire ce bouquin », dit-il sur un ton méprisant.

Il y avait une fois pour toutes dans cette seule exclamation tout le philistinisme dont il avait l'esprit lesté.

Miss D… avait l'habitude de me vendre des laitues de second choix. N'importe où ailleurs, elle serait devenue un personnage, et même un personnage distingué. Exilée en Afrique, elle avait donné libre cours à ses instincts prédateurs. La plus infime perte d'argent était devenue pour elle une obsession intolérable. Elle souffrait mille morts si l'un de ces étranges rats africains, rayés comme un zèbre, grignotait le moindre grain des provisions qu'elle avait faites pour nourrir la basse-cour. Elle était comme une poule pondeuse de haute volée chassée de son nid par le valet de chambre de Monseigneur. Si les mortels étaient sujets à une discipline morale venant d'en haut, elle eût été contrainte de jeter chaque matin, de ses propres mains, une guinée d'or avant de dire ses prières.

E..., membre du gouvernement, était un vieil ivrogne qui descendait une incroyable quantité de whisky et me rappelait un vieux morse malchanceux avili par de longues années à ne rien faire en captivité. Il traitait les subordonnés avec la rudesse d'un homme peu habitué à l'autorité et se changeait les idées en lisant des magazines de seconde zone.

Lord Ding Dong avait, il est vrai, deux ou trois grosses abeilles qui faisaient du raffut sous son casque. Il était sans l'ombre d'un doute le meilleur et le plus religieux des hommes que l'on put trouver à la colonie. Malgré une tête ronde bourrée jusqu'à ras bord d'inoffensives lubies théologiques, il avait un esprit très libéral. À toutes les heures du jour, il implorait son Dieu : quand il prenait un bain froid, quand il galopait comme un vieux soudard après une pauvre hyène, ou quand il était assis au chevet d'un mourant. Et qui peut dire si les pensées toutes simples de ce très pieux et très juste Ding Dong n'étaient pas plus proches de la vérité que les pensées les plus sophistiquées ! Peut-être que tous ces colons blancs, avides et vulgaires, tous ces nègres insouciants et malheureux, toutes ces bêtes sauvages pleines de ruse, ces oiseaux affamés, ces fleurs vaines du plateau africain étaient, en réalité, sous la surveillance constante d'un œil sacré à jamais ouvert quelque part, très loin au-dessus des cratères, au-dessus du dos irradié de soleil du plus haut vautour planant à l'oblique dans les hauteurs radieuses des couches supérieures de l'air.

21.

Sécheresse

La dernière année de mon séjour en Afrique fut terrible. La Famine arpentait le pays, la Peste sur les talons. Semaine après semaine, la terre demeura prostrée sous l'éclat aveuglant d'un soleil sans âme. Mois après mois, le niveau des eaux du lac ne fit que baisser. Lagons et hauts-fonds s'asséchèrent et, chaque nuit, les rafales d'un vent brûlant transportaient dans la savane les exhalaisons sulfureuses et nocives des grandes étendues de boue. Comme si la terre elle-même avait enclenché un effroyable processus de putréfaction. L'air était vicié, l'humus poussiéreux et craquelé puait. Les antilopes ne gambadaient plus dans les plaines, mais filaient d'horizon en horizon ou se rassemblaient dans les quelques ruisseaux où il y avait encore de l'eau. On rencontrait partout des carcasses d'animaux morts d'épuisement, à la longue langue boueuse pendant comme si les malheureuses bêtes avaient jusqu'à la fin espéré lécher quelque chose d'humide. Les vautours devinrent aussi gras que les oies de la Saint-Michel. Et toujours pas le moindre nuage, pas le moindre voile de brume dans le ciel. Le soleil se levait et se couchait dans un firmament aveuglant. Sous cette présence hideuse, toute vie sensible tremblait et se flétrissait. Lions et léopards, cantonnés près de quelques trous d'eau sales, tuaient d'autant plus de proies qu'elles n'avaient plus que la peau et les os. Chevauchant dans la forêt, je tombai sur des gazelles des plaines vainement en quête d'ombrages frais. D'énormes serpents étouffaient dans les replis de leurs anneaux ces corps tremblants crevant de soif. Quittant les cimes, les singes, en incertaines processions, se lançaient à la recherche de nouveaux points d'eau.

Les moissons ne levèrent jamais. Le gouvernement importa du Sud de grandes quantités de blé, mais, même ainsi, de très nombreux indigènes moururent de faim. J'en voyais quotidiennement emprunter la vieille route des caravanes, soutenus par l'illusion pathétique qu'ils finiraient par trouver une terre d'accueil où il y aurait de la nourriture pour tous. Il était inutile de leur dire que cette quête était sans espoir. Ils n'écoutaient pas mais, jour après jour, poursuivaient le voyage, comme des colonnes de fourmis – hommes de haute taille, femmes aux seins dépourvus de lait, petits enfants hébétés au visage fripé. Mon travail, bien sûr, devint de plus en plus pénible. J'avais souvent une difficulté considérable à me procurer suffisamment de farine pour les besoins de la ferme. Les autorités ne cessaient de différer les envois et, même si je n'ai jamais vraiment été en rupture de stock, j'ai souvent connu des périodes d'angoisse. Les parcs à moutons étaient pillés par des voleurs du coin, une nuit cinq brebis disparurent des enclos sous mon nez. Suspectant le berger d'être en cheville avec le voleur, je fis une enquête et mes soupçons finirent par se porter sur Kapingy, un indigène qui habitait dans la forêt, avec six enfants à nourrir. Particulièrement exaspéré parce que j'avais fait le maximum pour l'aider en lui allouant chaque semaine une quantité de farine suffisante pour qu'ils pussent subsister, lui et sa famille, sans trop souffrir de la disette.

J'étais désolé pour ce gars. Il travaillait vraiment dur et j'avais noté ce regard préoccupé et las que les hommes, qu'ils fussent noirs, jaunes ou blancs, ont sur le visage quand il y a des enfants à charge et pas assez à manger pour leur permettre de survivre.

Ce sentiment virait maintenant à l'indignation. Quel rusé démon! pensai-je. Tout comme ces gens qui ont la peau noire. Chaque fois qu'on est généreux avec eux, on est sûr d'être le dindon de la farce.

Je me mis en tête de le prendre sur le fait en faisant par surprise irruption dans sa hutte. Laissant passer trois jours pour endormir les soupçons, je me rendis à cheval, un après-midi, jusqu'à la hutte où il vivait dans la forêt. En m'approchant de l'endroit, je sentis distinctement une odeur de viande grillée. Après avoir mis pied à terre, je franchis en rampant la porte basse de ce corral obscur. Il y avait sur le feu un énorme chaudron autour duquel étaient assis Kapingy et ses six enfants, d'une maigreur qui me choqua. La lumière vacillante qui leur dansait sur le corps mettait horriblement en relief ici une côte, là une clavicule, là un os iliaque.

« *Jambo bwana!* dit Kapingy comme s'il était content de me voir. (Ah, me dis-je, il me jette de la poudre aux yeux. Il pense me tromper comme ça, espérant que je ne regarderai pas dans la marmite.)

— *Jambo Kapingy* », répondis-je et, saisissant deux baguettes, je sortis du chaudron bouillant le corps malingre d'un rat famélique !

Avec un seul cours d'eau pérenne sur la ferme, le bétail devint terriblement bousculé. Depuis des semaines, les pistes menant aux divers points d'eau n'étaient plus que de vagues traces poussiéreuses, où l'on n'apercevait pas le moindre brin d'herbe. Quand les bêtes efflanquées arrivaient, la langue pendante, dans ces lieux arides, comprenant qu'elles étaient près de l'eau, elles reprenaient espoir, se mettaient à pousser d'étranges bêlements et se ruaient pêle-mêle sur la dernière pente. Certains troupeaux venaient de parcs distants de plusieurs kilomètres, et on pouvait suivre le voyage de retour des bêtes aux nuages de poussière grise qu'elles soulevaient dans l'air palpitant. Elles ne subsistaient que grâce à un peu d'eau et quelques touffes d'herbe sèche, leur endurance me paraissait merveilleuse.

À mesure que les semaines passaient, le grand lac lui-même se mit à fermenter. Faisant des manières, les hippopotames quittaient les souilles fétides et bouillonnantes où ils se reposaient et venaient barboter dans le lit de la rivière pour étancher leur soif avec de l'eau plus pure. Un vieux mâle quitta le fleuve et vint boire à la ferme dans un abreuvoir de feuilles d'étain. Je n'aurais rien trouvé à redire si seulement il s'était désaltéré en faisant preuve de délicatesse et de décence. Mais il piétina l'abreuvoir avec ses gros sabots et le mit en pièces en essayant d'obtenir un débit d'eau plus important. Le guettant une nuit, je lui collai une balle dans le corps, mais il retourna au lac, plongea dans l'étendue noire en soulevant une énorme gerbe d'eau. Ayant repéré le trou dans la palissade entourant l'abreuvoir par lequel il avait l'habitude de venir, j'y édifiai un bâti de hauts pieux, couronné d'un piège à fusil. Mais c'était loin d'être une petite affaire : je devais, matin et soir, détendre et retendre ce piège de mon cru, ce qui était une tâche pénible, que je ne pouvais me permettre de négliger avec tant de troupeaux sous ma responsabilité. Je n'avais pas plus tôt décidé de l'enlever qu'un indigène entra en coup de vent pour me dire qu'un hippopotame d'une taille gigantesque avait été tué et gisait au bord du lac. Enfourchant mon cheval, je me rendis à l'endroit indiqué. L'hippopotame avait vraiment une taille extraordinaire, comme une baleine, ou deux éléphants en un. J'avais souvent remarqué de colossales traces d'hippo dans le sable de la berge du lac, comprenant maintenant que c'étaient sans doute celles de cet animal, le père de tous les hippopotames.

Je m'en approchai au petit galop. À mesure que la distance diminuait, la taille de la bête paraissait augmenter. Cette masse était quelque chose qui dépassait tout ce que j'avais cru possible dans le monde animal – tout ce que j'avais jamais lu sur la question. À quelques mètres, quelque chose m'alerta. Le vent ne soufflait pas dans ma direction, mais l'air était nauséabond. L'explication me traversa l'esprit comme un éclair. C'était l'hippopotame que j'avais tiré une quinzaine de jours plus tôt. Je l'avais mortellement blessé et, maintenant, gonflé comme un ballon en décomposition, il avait flotté jusqu'ici. Après avoir demandé à un Kikuyu, un boy nommé Korogo, de prendre l'ivoire, je lui donnai une hache et lui expliquai plus ou moins comment le détacher de la gueule de la bête. Il me l'apporta dans la soirée, déclarant qu'il voulait une récompense de poids pour ce travail. Je lui donnai ce qu'il demandait. Je n'avais pas oublié le coup d'œil que j'avais jeté sur cette masse de matière corrompue, aux quatre énormes pattes blanches de putréfaction.

Un jour, un vieux Massaï vint me dire que, longtemps avant l'arrivée des hommes blancs, il se souvenait que son père lui avait raconté qu'il y avait de l'eau dans certaine grotte, au fond d'une lointaine vallée. Il me dit qu'on ne l'avait jamais utilisée, car tout le monde craignait de se rendre en ce lieu au fond duquel était tapie *une chose mauvaise.* Cela me fit immédiatement dresser l'oreille. Il serait merveilleux d'avoir une provision d'eau dans cette partie aride du domaine. Je connaissais la grotte à laquelle il faisait allusion. J'étais tombé dessus une fois en tirant une pintade. J'avais également suffisamment de connaissances en géologie pour comprendre qu'elle avait dû être creusée par l'érosion de l'eau. Résolu à tirer la chose au clair, muni d'une grosse lampe-tempête, je m'y rendis à cheval le lendemain.

La grotte était située au pied d'une butte aux pentes couvertes de figuiers et autres broussailles. Après avoir attaché mon cheval, j'atteignis difficilement l'entrée, haute d'un peu plus d'un mètre. Allumant la lanterne, je me risquai dans l'antre, me retrouvant dans une vaste chambre caverneuse, pavée de blocs erratiques évidemment tombés de la voûte. Certains blocs étaient tellement gros qu'il était difficile de les contourner. L'atmosphère de l'endroit était celle d'une tombe. Je n'aimais pas du tout le tour que les choses prenaient et, tout en continuant d'avancer, je ne cessais de tourner la tête vers la gueule de l'entrée où filtrait encore un rayon de lumière. Je n'avais pas peur de rencontrer une bête sauvage. Il me semblait peu probable qu'un fauve pût choisir une tanière aussi froide, mais je me demandais si les rochers de la voûte n'allaient pas me tomber dessus ou, pire encore, obstruer dans leur chute le passage vers la sortie. Il n'était pas dans mes projets de disparaître à jamais, muré dans les boyaux de l'Afrique.

C'était assurément un stupéfiant tunnel, qui paraissait sans fin et me rappelait la bouche légendaire des Enfers. Maintenant, en me retournant, je ne voyais plus la lumière provenant de l'entrée de la grotte. Je continuai cependant d'avancer, me frayant comme je pouvais un chemin au milieu des rochers et des pierres. La lumière de la lanterne se réverbérait au-dessus de ma tête sur de grosses dalles de pierre si lisses et si plates que j'avais peine à croire qu'elles n'avaient pas été polies par des mains humaines. À certaines étaient pendues des chauves-souris de la taille d'un merle, aux ailes de cuir étroitement serrées contre le corps. Soudain, un bruit de battement d'ailes dans ma direction. J'empoignai mon revolver, hésitant cependant à tirer à cause de la déflagration qui risquait de faire tomber des rochers. Une seconde plus tard, je fus rassuré de voir un gros hibou blanc me croiser à grands coups d'ailes.

J'avançai de nouveau, tenant haut la lanterne et scrutant l'obscurité devant moi. La lumière tomba sur quelque chose appuyé contre une paroi, quelque chose qui n'était certainement ni rocher ni pierre. Un frisson glacial me parcourut l'échine. Au nom de Dieu, que pouvait bien être cette ombre sourde silencieusement tapie là ? Était-il possible que je ne fusse pas seul dans cette grotte ? Y avait-il quelqu'un d'autre, une présence muette, à l'instant même, près de moi à me toucher ? Tendant la main, je touchai la chose et l'examinai de près. C'était le squelette d'une grosse antilope. Les cornes, même décolorées, étaient en bon état et les os toujours encastrés sous une peau tendue comme un parchemin. Derrière l'antilope, il y avait la forme couverte de poussière d'un autre animal. Je ne saurais dire pourquoi, mais la découverte de ces restes dans cette fissure géologique silencieuse me fit horreur. Je partis sans demander mon reste. Comment étaient-ils venus là – me demandai-je – comment et pourquoi ? Quelle terreur avait poussé cet animal amoureux du soleil à trouver refuge dans un endroit si étrange et, quand la hyène l'avait suivi, quels terrifiants miasmes souterrains les avaient tous les deux frappés à mort ? Depuis combien de temps étaient-ils là : cent ans, mille ans ? Ils y sont sans aucun doute encore aujourd'hui, enfermés dans le ventre silencieux de l'Afrique. La grotte est située sous le cratère d'où s'élèvent des fumerolles, le « Très Haut » comme je l'appelais, pas loin du bouquet d'arbres où, à la saison des pluies, élands et gazelles aiment à se rassembler.

22.

Écrire dans la poussière

L'herbe des plaines était maintenant devenue si rare que les bergers devaient chaque jour emmener le bétail dans certaines clairières cachées près des sources chaudes où les animaux, qui en avaient jusqu'au garrot, pouvaient brouter un grossier herbage sec. Les conditions étaient meilleures dans ces ouvertures forestières où le feuillage des arbres était encore vert, alors que dans les basses terres les feuilles étroites et argentées des buissons de *lilishwa* depuis des mois pendaient mollement des rameaux tordus. La seule chose que je redoutais était un feu de forêt. Dans ces retraites au fond des bois, quel espoir aurais-je pu avoir d'éteindre un tel incendie ? Imaginez mon angoisse en apercevant un jour, tard dans l'après-midi, une bouffée de fumée s'élevant du sommet de l'escarpement qui surplombait la forêt. Je savais parfaitement ce que la présence de ce minuscule et incertain ruban de fumée signifierait dans quelques heures. Revenant à la ferme au galop, je pris tous les indigènes qui me tombèrent sous la main et les envoyai lutter contre le sinistre. Quinze minutes après avoir aperçu la première colonne dans le ciel, de gros rouleaux de fumée traversaient déjà la vallée du Rift. On ne faisait que respirer de la fumée, et la lumière du soleil couchant en était obscurcie.

Le temps d'être prêt à partir, il faisait noir. Le dôme du ciel était éclaboussé d'une clarté sanglante. De la porte de la hutte, le pied à l'étrier, je voyais le dessin des flammes. Le bétail meuglait dans les enclos, hommes et bêtes avaient une contagieuse impression de malaise. À certains moments, quand les vagues de feu se succédaient, comme si abris, huttes et cours étaient sur le point d'être consumées, il semblait que toute cette partie de l'Afrique allait être la proie des flammes.

Le meilleur chemin pour atteindre l'escarpement était à huit kilomètres de distance, mais je connaissais une coulée empruntée par le gibier qui y menait en zigzaguant dangereusement dans le flanc de l'à-pic à partir d'un point beaucoup plus proche. J'eus un moment d'hésitation, mais, pressé de rejoindre le feu, comme j'étais souvent passé par là à cheval pendant la journée, je décidai de le prendre. Au début tout alla bien. Rossinante semblait connaître chaque courbe et nous progressions rapidement. Pour atteindre le sommet de l'escarpement, il fallait franchir une série de hautes terrasses forestières, petites jungles larges d'une centaine de mètres, étagées en paliers et chacune séparée de l'autre par des saillies rocheuses au-dessus desquelles grimpait l'étroit sentier sinueux. Chaque fois que le sentier devenait trop difficile ou trop escarpé, je mettais pied à terre et guidais le cheval. Je venais d'atteindre l'ultime terrasse et j'entendais déjà les cris des boys qui luttaient contre les flammes, lorsqu'un événement désagréable se produisit. J'avais dû me tromper de direction, car je me retrouvai empêtré dans d'inextricables fourrés. J'essayai de revenir sur mes pas : rien à faire. À force de tourner en rond, j'avais perdu mes marques. Je finis par m'asseoir sur le tronc d'un arbre mort, épuisé et hors d'haleine. Ce fut alors que, perdu au milieu de ces troncs d'arbres sombres, je compris l'horreur de la situation. En un instant, je fus debout. Quel imbécile j'avais été de ne pas avoir compris que, si je n'arrivais pas à trouver un chemin pour sortir de la forêt, je risquais d'être brûlé vif !

Traînant Rossinante derrière moi, j'essayai une voie, puis une autre. Chaque fois, nous étions arrêtés par d'impénétrables barrières, par des masses de jasmin épineux[1], des arbres déracinés empilés l'un sur l'autre, héritage accumulé de siècles depuis longtemps oubliés. Après des tentatives désespérées pour nous frayer un chemin à travers ou au-dessus de tous ces obstacles, je ne revenais sur mes pas que pour me retrouver de plus en plus perdu. Dans cette végétation confuse, il me semblait impossible de pouvoir retrouver la petite coulée de gibier, que j'avais peut-être déjà croisée et recroisée une dizaine de fois. Je suivis en vain d'innombrables fausses pistes. Certaines me menèrent jusqu'au bord même de la falaise qui me séparait de la terrasse du dessous. Regardant par-dessus un à-pic de trois mètres, je voyais les

1. *Carissa bispinosa.*

cimes des arbres onduler à l'infini. Pourquoi n'avais-je pas été plus prudent ? J'avais été trahi par cette impression de fausse sécurité que procure la vie civilisée, en tenant pour acquis, si je puis dire, qu'on ne peut pas être piégé par un feu de brousse. Je tentai de reprendre mes esprits, de garder la tête froide et de réfléchir à la chose intelligente à faire dans un cas comme celui-ci. Grimper à un arbre ? Non, l'arbre lui-même s'enflammerait. Alors quoi, ramper dans quelque faille rocheuse en espérant ne pas être suffoqué ? Mais Rossinante ? Je ne pouvais pas l'abandonner. Déjà, des étincelles écarlates volaient loin au-dessus de moi, comme une armée de sauterelles rouges, comme des feux follets. J'entendais les cris des boys qui luttaient contre les flammes – *Uwee ! Uwee ! Uwee !*

J'ai crié, j'ai hurlé, mais ma voix n'était qu'un faible écho, couverte par un autre son, un grondement maniaque qui, chaque seconde, devenait de plus en plus fort – l'insatiable réverbération vorace de l'incendie de plus en plus proche.

Soudain, quelque chose a tout écrasé sur son passage, à quelques mètres sur la droite – un rhinocéros ! Je me suis désespérément rué dans la trouée qu'il avait faite. Heureuse impulsion. Je me suis très vite retrouvé au sommet du sentier par lequel j'étais venu. En une demi-heure, j'étais à l'abri dans les plaines. Avant minuit, la forêt n'était plus qu'une vaste fournaise. Les boys avaient dû reculer sans cesse devant le feu, dont on n'avait pu stopper l'avancée qu'aux abords poussiéreux de la rivière. Un vent s'était levé, et même sur un sol pratiquement dépourvu d'herbe, il n'était pas facile d'éteindre les flammes. C'était comme si la poussière elle-même avait été gorgée de paraffine, tellement les flammes mettaient d'ardeur à bondir de touffe en touffe.

Je suis resté toute la nuit sur le pied de guerre. Aussitôt après avoir allumé les contre-feux entre l'escarpement et la ferme, il devint nécessaire d'anticiper la progression de l'incendie vers la forêt, de l'autre côté de la source chaude où vivaient les squatters indigènes. Dirigeant les opérations d'un point stratégique à un autre, j'avais l'air d'un Napoléon effrayé et agité, monté sur un cheval blanc. Sur la gauche, la forêt ressemblait maintenant à une ville éclairée par des lampadaires – comme Brighton telle que je l'avais vue la nuit dans les hauteurs des Downs du Sud. Les branches brûlantes et rouges de certains arbres morts se découpaient contre l'obscurité comme si une centaine de crucifix enflammés avaient mis à mort une centaine de dieux. Les berges de la rivière, les trous d'eau, les sentiers boueux, les pierres rougeoyaient d'une étrange lumière écliptique, et de temps à autre, comme je guidais le cheval à travers cette lumière sinistre, des ombres effrayées traversaient le chemin, émigrant vers un pays épargné par le feu.

La lumière blanche de l'aube était déjà visible quand je suis enfin arrivé chez moi. Après avoir donné à Kamoha des instructions pour n'être dérangé sous aucun prétexte, je me suis mis au lit. Au réveil il était midi. Arrivé d'un lointain campement pour les moutons, un indigène était devant la porte pour me dire qu'un berger nommé Merishu était malade, atteint de quelque horrible maladie dont il était très possible, suggéra-t-il, que je n'aie jamais entendu parler. Le temps d'avaler un petit-déjeuner, je lui promis de galoper jusqu'au campement. En Afrique, les ennuis se suivent de si près qu'on est pris de vertige et que la sensibilité s'émousse. Ce Merishu était l'un de mes boys favoris. Je me souviens très bien de la première fois où j'ai posé les yeux sur lui. C'était en octobre, il marchait à grands pas vers ma demeure, lance en main, silhouette pittoresque se détachant contre les aloès pourpres qui sont toujours en fleur à cette saison de l'année. Seul de tous les Massaï que j'aie jamais rencontrés, il n'était pas indifférent aux Européens et à leurs manières. Il écoutait avec une attention grave tout ce que je lui racontais sur l'Angleterre. Il était surtout impressionné, je m'en souviens, par deux choses : que les moutons et le bétail soient laissés dehors sans surveillance, la nuit, et que les filles ne puissent pas être vendues par le père. Il était fasciné de me voir écrire dans le cahier où je notais tout ce qui concernait les moutons et m'implorait de lui apprendre à « parler sur le papier ». Je lui ai donc donné cahier et crayon, en copiant aussi clairement que possible lettres et numéros. Après cela, chaque fois que j'allais voir comment se portaient les moutons, il sortait le cahier et, fier comme un paon, me montrait les symboles grossiers qu'il avait réussi à tracer, chaque soir, à la lumière du feu de camp. C'est le seul indigène que j'aie jamais rencontré qui ait manifesté un intérêt, même minime, envers l'écriture. En règle générale, les autres la considéraient comme un genre de sorcellerie, qui ne les concernait, ni eux, ni leurs affaires.

Je me rendis dès que possible au campement. Il vivait dans la demi-section d'une vieille citerne en tôle ondulée, trop vieille pour servir encore, et je l'avais divisée en deux moitiés dont chacune faisait office d'abri mobile. Dès que j'arrivai à proximité de cette étrange habitation en forme de coquille, j'appelai Merishu par son nom. Il sortit en rampant. Je compris immédiatement le problème : il avait la petite vérole. Je lui donnai des sels à boire et de l'huile pour se frotter le corps, et trouvai un boy de sa tribu pour veiller sur lui. Le lendemain je fus trop occupé pour retourner le voir et, le jour suivant, une légère recrudescence de l'incendie m'en empêcha. Quand je revins, le troisième jour, la situation était devenue catastrophique. Le boy que j'avais chargé de veiller sur lui, en bon indigène qu'il était, s'était volatilisé. Combien de temps Merishu était-il resté seul, impossible à dire. Il souffrait beaucoup, le corps entièrement couvert de hideuses petites éruptions rouges. Il en avait sur le visage, sur le dos, sur le pénis et jusque sur les plantes des pieds. Il gisait dans la poussière, muet comme un serpent, indiquant par un regard terrible et de faibles gestes qu'il désirait boire de l'eau. J'allai lui en chercher et la déposai sur le sol devant lui. En se traînant sur le coude, il se mit à laper comme un animal, but l'eau jusqu'au bout et se rejeta en arrière. Je remarquai alors qu'il tâtonnait d'une main, comme s'il cherchait quelque chose. Au bout d'un moment, il prit un bâton de pointage en guise de crayon et se mit à tracer des hiéroglyphes dans la boue sèche. Quand il eut terminé, il leva les yeux sur moi avec une expression à fendre le cœur comme pour m'implorer d'une façon ou d'une autre de donner un sens à ces grossiers symboles. Évidemment, ils n'avaient pour moi ni queue ni tête. Se référaient-ils à quelque inquiétude délirante concernant la santé des moutons, avaient-ils un rapport avec l'endroit où ses économies étaient enterrées, ou faisait-il une ultime tentative désespérée pour communiquer quelque chose de la solitude désespérée où il se trouvait en cette heure terrible ?

Je suis allé chercher un autre boy pour veiller sur lui, mais au retour il était mort, étendu sur le côté, la tête posée sur d'indéchiffrables alpha et oméga, la main couverte de pustules serrant toujours le bâtonnet qui lui avait servi de crayon.

Le lendemain, j'ai brûlé son corps. J'ai fait venir un chargement de bois à quelques mètres de la citerne et, comme aucun indigène ne m'a aidé, j'ai lentement édifié un bûcher funéraire. Là, au centre d'une vaste plaine, ayant le soleil à l'aplomb au point que ma silhouette ne projetait aucune ombre, j'ai procédé à la crémation, entassant le bois toujours plus haut jusqu'à ce que les os de la cuisse fassent saillie et que la chair brûlée tombe en lambeaux.

23.

Le rire noir

À cette époque, je fis en Afrique une expérience des plus étranges, qui me paraît encore obscure et incompréhensible quand je m'en souviens aujourd'hui. Comme si, dans ce coin perdu du monde, j'avais reçu l'avertissement sinistre de l'existence de certaines influences hors de la sphère palpable de la vie terrestre. Cela commença ainsi. Revenant du magasin par une nuit sombre, je pris conscience de la présence d'un indigène à mes côtés. C'était le squatter Kapingy. Il avait, me dit-il, une *shairi kubwa sana* – une chose très importante à me confier. J'éteignis ma lanterne pour passer inaperçu, et il m'accompagna jusqu'aux buissons qui couronnaient la butte, au-dessus de l'endroit où l'on baignait les moutons. Je m'imaginais qu'il allait me donner des informations confidentielles sur le vol. Je me trompais. Il me raconta une longue histoire décousue sur un homme mystérieux, qui s'était installé dans la forêt près des huttes des squatters. Pendant qu'il parlait, il ne cessait de se retourner comme s'il suspectait la présence d'oreilles indiscrètes. L'homme, expliqua-t-il, était tout-puissant. Il pouvait, avec quelques grains de poussière blanche, faire mourir ses ennemis. Tout le monde avait peur de lui. Ce matin même, il s'était emparé de cinq chèvres dodues appartenant à Kapingy. En réalité, les exactions qu'il commettait étaient sans fin. J'étais furieux. Qui était ce gaillard qui avait eu l'audace de s'implanter sur la ferme sans ma permission ? J'allais lui remonter les bretelles.

« Où est sa hutte ? demandai-je.

— Tu la trouveras, répondit Kapingy, en suivant le sentier de boue qui serpente dans la forêt au-delà du point d'eau le plus éloigné. »

Le lendemain matin, galopant sur la piste tracée par les chars à bœufs venus débarder du bois dans la forêt, je remarquai, à une centaine de pas au-delà de la rivière, au fond d'une sombre ravine plongée dans l'ombre, la carcasse à demi dévorée d'un cobe à croissant évidemment tué la nuit précédente. Je mentionne ce fait car il me semble avoir un rapport avec ce qui est arrivé plus tard. Le sol, tout autour, était souillé et piétiné.

Quand j'atteignis le campement, le soleil était déjà au-dessus de l'escarpement. La clairière était lumineuse. Même durant une période de sécheresse, c'était un endroit agréable, toujours frais et à l'ombre, y compris s'il régnait une chaleur terrible dans les plaines. Dès que les boys s'aperçurent de ma présence, ils m'accueillirent très amicalement. Le dos courbé, ils sortirent en rampant des huttes coniques, comme des animaux de leur trou : hommes, femmes et enfants en bas âge, le ventre en avant comme des embryons nés avant terme et cependant capables de courir partout. Je trouvai le sentier que Kapingy m'avait indiqué, bientôt si envahi de broussailles que je dus mettre pied à terre. Je n'avais encore jamais exploré ce secteur de la forêt. Le sentier finissait par déboucher sur une clairière au centre de laquelle s'élevait l'habitation d'un sorcier. Je frappai à la porte basse. Pas de réponse. Je criai, menaçant de brûler la hutte si le propriétaire ne se montrait pas. Toujours pas de réponse. Exaspéré, tirant une boîte d'allumettes de ma poche, je mis le feu au chaume. « Cela, me dis-je, fera déguerpir ce lapin noir à deux pattes. » Il n'y avait pas de danger que le feu se propageât, car le sol de la clairière était nu et je restai là, observant avec suffisance les volutes de fumée qui s'élevaient en tournoyant dans l'air brûlant. Soudain, je m'aperçus qu'il y avait un homme près de moi. C'était un Kikuyu d'âge moyen, mais il y avait quelque chose dans ses manières et son apparence qui le mettait totalement à part des indigènes que j'avais eu l'occasion de voir. Il avait un visage de lettré, un visage qui, bizarrement, me rappela le portait de Benjamin Disraeli accroché au bar de l'auberge des Choucas à Yeovil[1]. Le même regard perçant de pie, le même accroche-cœur noir sur le front. Sentant que je m'étais mal comporté, je tentai de me rattraper en poussant des jurons. Au milieu d'une bordée d'injures, je lui demandai pourquoi diable il s'était installé dans cette forêt. Il me répondit avec calme et dignité, disant

1. Ville du Somerset, familière aux Powys.

que si je lui donnais ses moutons et ses chèvres, il partirait le jour même. Je n'étais pas d'humeur à me calmer. Je le fis marcher devant moi dans l'étroit sentier, remarquant qu'il boitait et qu'il avait un pied déformé.

Au campement, surveillant les opérations du haut de mon cheval, j'ordonnai aux squatters de conduire et de parquer moutons et chèvres dans le même enclos. Remarquant que l'un des boys se tordait de rire, je me tournai rapidement et découvris que Kareba, le sorcier, se payait ma tête en me faisant la figue, le pouce pointé entre l'index et le majeur. On en était évidemment venu à un combat entre la peur superstitieuse du sorcier et le prestige de l'homme blanc. Faisant virevolter le cheval, je me lançai à sa poursuite et lui fis faire la connaissance de ma cravache. Le scélérat avait beau être boiteux, il était agile et, obliquant derrière les arbres, il réussit à grimper hors d'atteinte au sommet d'un rocher. Je revins à l'enclos. Mais, assis là, les yeux fixés sur les bêtes à moitié mortes de faim, je devins de plus en plus conscient du regard intense du prêtre africain debout, seul et silencieux, au sommet de cette chaire de roc. Tout ce que j'avais entendu dire ou lu sur le spiritualisme me parut plus que plausible pendant cette demi-heure. Je sentis qu'il soupesait le poids instable de mon âme de Blanc et concentrait sur elle mille malédictions. Je décidai donc de lui donner ses chèvres sans le molester plus longtemps, mais voilà... quand elles furent enfin rassemblées, il n'y avait plus personne, il s'était évanoui dans la forêt. Immédiatement, mon cœur se durcit, et je donnai des instructions pour que le troupeau fût ramené au bercail.

Par monts et par vaux toute la journée, la première chose que je vis en revenant dans la soirée : ces grotesques animaux barbichus debout sur la pointe des sabots essayant de grignoter les petites feuilles vertes d'un câprier. Ennuyé d'avoir de nouveau en tête les expériences de la matinée, j'envoyai un message aux huttes pour demander que Kareba vînt les enlever.

Ce soir-là, le souper débarrassé, j'ai essayé de lire. Hors de question. J'étais oppressé par une horrible sensation de solitude. Qu'est-ce que je faisais dans ce pays, peau blanche au milieu de tant de peaux noires ? Le vent brûlant de la saison sèche balayait la vallée du Rift. Les volets de bois faisaient un bruit d'enfer. Dehors, derrière la fenêtre, les mimosas dorés[2] se balançaient d'avant en arrière. La terre sèche, harassée, respirait la désolation. Ce soir-là, j'ai parfaitement compris pourquoi certains colons, dans des fermes isolées, s'étaient saoulés à mort. Par une nuit pareille, il n'était pas drôle de se rappeler qu'un ennemi rôdait peut-être dehors, dans l'obscurité de ces rafales de cauchemar. Je me couchai de bonne heure, fermant une porte à clé, et barricadant l'autre, en face, avec du fil de fer.

Sans doute les petites heures de l'aube. Une lune incertaine s'était levée, et moi, les yeux grands ouverts, j'écoutais. Ce n'avait pas été vraiment un rire, et pas vraiment non plus un cri perçant, mais une sorte de tremblement qui tenait des deux. Et il était encore là – un long accent modulé, entre

2. *Acacia pycnantha.*

la plainte et le gémissement, venant, à ce qu'il me semblait, de la forêt, de la ravine. Sûrement le rire d'une hyène festoyant sur les restes d'une antilope. Mais, même pendant que je me suggérais cela, je savais bien que c'était faux. Ce cri inhumain, criminel, ne sortait pas de la gorge d'un animal ! Pour mon imagination enfiévrée, il avait en lui à la fois l'angoisse torturée et la misère démente de l'âme noire avilie et outragée. Comme si un habitant de cet effroyable continent, frappé de démence, surgissant soudain sous les oscillations de la lune délirante, s'était trouvé contraint de formuler dans un hurlement d'épouvante tous les tourments que sa race maudite avait endurés. Quelque part dehors, là où oscillaient les branches hispides, je savais qu'un homme aux canines blanches découvertes montrait les dents en donnant libre cours AU RIRE NOIR.

Mes nerfs ont lâché. Incapable de le supporter plus longtemps, je me suis bouché les oreilles.

À moins de m'arracher les mains de la tête, je n'écouterai jamais plus ce rire. Un long temps passa, j'étais toujours allongé sur le dos, les yeux clos. Peu à peu, je pris conscience que la pièce était remplie d'une odeur extraordinaire, une odeur de sang putréfié et de chair pourrissante, *l'odeur de l'haleine d'une hyène* ! Je me levai d'un bond. À moins de trois mètres, se penchant dans ma direction au point que je pouvais presque la toucher, se tenait une forme immobile. Elle était là, et elle n'y était plus.

Je n'ai pas dormi beaucoup plus cette nuit-là. La lanterne brûlant à mon chevet, j'ai attendu le matin. En me rendant aux huttes des boys pour leur donner des instructions sur le travail de la journée, je leur demandai s'ils avaient entendu quelque chose pendant la nuit.

« Oui, dirent-ils, le rire de l'homme de Dieu. »

Me sentant toujours mal à l'aise, j'ai regagné ma hutte, y entrant par la porte devant laquelle s'était tenue la chose. Il faisait maintenant grand jour et là, imprimées dans la poussière du seuil, il y avait deux empreintes, l'une d'un homme, l'autre des coussinets de chien d'une hyène dressée. M'agenouillant, je les examinai de près toutes les deux. Pas d'erreur possible. La première était munie de doigts, la seconde de griffes !

24.

L'hégire d'un berger

Maudits furent les mois qui ont suivi cette aventure. La sécheresse persistait. Les vents nocturnes devinrent de plus en plus chauds et, sur une terre noircie par le feu, peste et fièvre dansaient la sarabande. Chaque jour, les conditions empiraient, mais aucune pluie ne tombait. La dysenterie se déclara et de nombreux indigènes tombèrent malades et moururent. Je faisais ce que je pouvais pour m'occuper d'eux, mais en vain. Ils avaient la peau qui se tendait et devenait sèche sur les tempes. Pendant une semaine ou deux, ils restaient allongés dans les fourrés puis, un matin, personne ne répondait à l'appel. Il ne me restait plus qu'à enterrer les corps. En ces occasions, je ne pouvais espérer aucune aide des Kikuyu. Chaque fois qu'ils soupçonnaient la présence de la mort, ils se mettaient à couvert dans les huttes, comme autant de pigeons aux yeux roses qui savent que rôde un épervier. Avec seulement Ashmani, le vieux Swahili, pour m'aider, je devais soulever le corps peu maniable et muet, le mettre dans une bière de fortune et le transporter ailleurs. Chaque fois que nous approchions d'un nouveau cadavre, Ashmani cueillait quelques feuilles aromatiques et, avec une étrange et méticuleuse gravité, en bourrait les narines du mort. En atteignant la tombe préparée pour ce fardeau, on liait les chevilles raidies devenues dociles et on balançait le cadavre dans l'ouverture béante. Puis je revenais seul dans la hutte silencieuse avec une odeur de mort sur les mains. C'était comme enterrer des chats noirs. Par quel hasard, quel improbable hasard, je vous le demande, ces mistigris pourraient-ils jouir d'une bienheureuse résurrection ?

La peste bovine se déclara chez le bétail et je passais mes journées à passer d'un homme malade à une bête malade. Les yeux humides et les naseaux desséchés, les troupeaux sortaient brouter en boitillant, suivis par un Massaï découragé. On voyait dans toutes les directions de grands bûchers funéraires et chacune de ces fournaises où brûlait de la chair animale était entourée par une armée de cigognes marabout. La ferme fut infestée par ces oiseaux mélancoliques. Le dos courbé et la tête chauve, ils marchaient à grands pas ou se posaient, et restaient immobiles sur les arbres dénudés, ou vaquaient comme une bande de moines dominicains encapuchonnés observant avec exultation, les yeux mi-clos, l'agonie d'un bœuf malade.

Peste bovine et dysenterie ! Il y avait quelque chose d'horrible dans l'étroite ressemblance de ces deux maladies. On avait l'impression que le pays tout entier – les souches, la terre, les touffes d'herbe sèche couvertes de poussière – devait être infecté par le sang des intestins malades de tous ces hommes et de tous ces animaux moribonds.

Et le diable était également chez les moutons. Le samedi, en recevant les peaux, je m'aperçus qu'il y avait une centaine de morts par semaine. J'avais beau faire des autopsies, je n'arrivais pas à découvrir ce qui leur était arrivé. J'ignorai la présence des longs ténias du foie et les innombrables vers filiformes du quatrième estomac pour en arriver à la région des poumons, que je trouvais à chaque fois remplis d'un liquide jaune. Cowdriose des ruminants[1] ! Cette mystérieuse maladie se propagea, transmise d'un animal à l'autre par les tiques, qui s'étaient multipliées tout le long de cette saison fatale.

Sur ces entrefaites, comme je me sentais abandonné et au bout du rouleau, mon frère arriva, enfin libéré de ses obligations militaires. Il regarda les moutons, les innombrables peaux mises à sécher autour des feux de camp, l'herbe souillée et desséchée des pâturages.

« Quand les troupeaux meurent comme ça, dit-il, il est temps de partir en voyage. »

Il suggéra d'émigrer avec tous les moutons sur l'autre versant des monts Aberdare[2] dans une région sans cadastre, où l'on pouvait trouver des pâturages encore verts.

1. La cowdriose (*heart water* en anglais) est une maladie tropicale mortelle des ruminants domestiques et sauvages transmise par des tiques du genre Amblyomma.
2. L'Aberdare est une chaîne de montagnes qui s'étend sur cent soixante kilomètres dans le centre-ouest du Kenya, au nord de la capitale Nairobi.

Et j'avoue, une fois les préparatifs terminés, avoir ressenti une grande satisfaction en voyant les files de moutons en route vers le chemin des Voleurs, un berger derrière chaque file, une douzaine de Kikuyu fermant la marche. Mon frère et moi avons suivi une semaine plus tard, lui monté sur Ramadan, moi sur Rossinante, avec couvertures et draps sous la selle et sacs de provisions suspendus de chaque côté des genoux. Nous avons suivi la rivière jusqu'à la source chaude, passant de temps à autre devant un point d'eau, où le sol poussiéreux avait été dénudé par le passage d'innombrables animaux, moutons et bétail pendant la journée, zèbres et antilopes le soir et divers carnivores à la tombée de la nuit, ayant autant besoin d'eau que de sang pour étancher la soif. À chacune de ces trouées, nous avons rencontré les restes de différents animaux qui avaient payé de leur vie une soif torturante – cornes, côtes, vertèbres, et même des lambeaux de peau ayant encore des poils, racornis et tordus par la chaleur du soleil. C'était sinistre – ces malheureux herbivores affolés, torturés jusqu'à la folie par la soif, obligés de s'approcher des pièges de ces rives ! Après avoir quitté la source chaude, nous sommes entrés dans une vallée encaissée qui, pour une raison ou pour une autre, avait échappé au feu. Elle était couverte de hautes herbes à éléphant, mais d'accès facile grâce à une piste tracée par les buffles. Cette nuit-là, nous avons dormi chez Fred Anderton, mais, levés très tôt le lendemain, nous avons atteint, avant même le lever du soleil, l'orée d'une grande plaine. Le pays devant nous avait l'aspect d'un vaste désert, seulement, à la place de sable, s'étendaient sur des lieues et des lieues de plates étendues d'herbe dont les parties sèches étaient hérissées de gigantesques fourmilières dont certaines avaient six mètres de circonférence.

Nous chevauchions toujours plus loin mais, me semblait-il, sans jamais nous rapprocher des montagnes. Un lac apparut à quelques kilomètres sur la droite, puis un autre, devant nous. C'était déconcertant, car les indigènes nous avaient laissés supposer que les eaux du lac El Bordossat s'étendaient plus loin au nord. « On doit pouvoir trouver un chemin qui le contourne », ai-je dit, et nous avons poussé plus avant. Mais après avoir chevauché encore une demi-heure, les lacs, devant nous, ne semblaient pas plus proches que les montagnes. On avait l'impression de vivre dans un pays de cauchemar, où on pouvait chevaucher éternellement sans jamais arriver à destination. Alors s'est produit un événement extraordinaire. Un troupeau de zèbres, surpris par notre approche, a détalé au galop sous les arbres qui entouraient le lac que l'on voyait devant nous et s'est précipité droit dans l'eau, poursuivant toujours plus loin leur course sans faire jaillir une seule gerbe d'eau de la surface miroitante et glacée. Nous avons enfin compris. Le lac était un mirage, l'un de ces impalpables fantômes qui par sa réalité visible fait croire que le monde lui-même n'est lui-même qu'un rêve échappé d'un rêve.

Le soleil tapait dur. Verrions-nous jamais la fin de ces lieues interminables ? Passant la main sur l'encolure de Rossinante, je la trouvais humide de sueur. Pas de pause. De tous côtés maintenant, d'innombrables El Bordossat miroitaient et scintillaient. On voyait très nettement les lacs, les roseaux trompeurs et les faux palmiers aux larges feuilles poussant sur les rives.

Nous approchions maintenant de la rivière Milowa dont une centaine de courbes faisaient des méandres à travers cette contrée sauvage. Au bas de la dernière pente, le sabot de mon cheval buta sur quelque chose dans l'herbe. Mettant pied à terre, mon frère ramassa une mâchoire de lion ! Nous décidâmes de faire halte au gué.

Nous n'en étions plus qu'à quelques mètres lorsque, jetant un coup d'œil dans une sorte de fossé, nous avons aperçu le corps d'un indigène, gisant tête en bas, jambes raidies, perlées, faisant grotesquement saillie contre la berge. Pas d'arrêt. J'étais tiraillé entre deux idées : faire demi-tour et découvrir ce qui avait tué cet homme dans un endroit aussi écarté, mais je me suis rappelé que j'étais en Afrique. Après tout, cela ne me regardait pas. Un nègre de plus ou de moins, quelle importance ?

Poursuivant le voyage, nous avons une fois encore traversé la plaine, intrigués par la présence d'un objet blanc devant nous, qui ressemblait de loin à un Somalien debout, immobile dans un vêtement de lin immaculé. De près, c'était le crâne blanchi d'un éléphant. La monotonie de cette partie du voyage fut rompue par la présence d'un léopard qui avait évidemment été retardé au retour d'une chasse nocturne, une gazelle de Thomson[3] folâtrant tantôt devant, tantôt derrière

3. La gazelle de Thomson (*Eudorcas thomsonii*), aussi appelée thommie, est une gazelle de taille moyenne que l'on trouve dans bon nombre de savanes et de prairies africaines.

lui, comme si elle voulait attirer l'attention du carnivore. Nous avons imaginé qu'elle devait avoir un petit caché non loin et faisait preuve de la même inquiétude maternelle qu'un oiseau qui craint que sa couvée soit menacée. Chaque fois que nous l'approchions de trop près, le léopard détalait. Pour quelque raison, il paraissait presque noir, peut-être parce que nous n'étions pas assez proches pour voir les taches qu'il avait sur la robe. Il a atteint l'orée des pentes de la forêt quelques minutes avant nous. Il nous a fallu trois heures pour parvenir au sommet des monts Aberdare. La plupart du temps en guidant les chevaux. Mais au sommet des montagnes, quelle vue splendide sur la grande forêt primitive s'étendant à l'est, plis après plis de collines boisées, encore pratiquement inconnues de l'homme blanc, seulement habitées par les Wandorobo, le plus primitif des peuples africains qui mène une existence précaire en empêtrant les pattes des animaux sauvages avec les lianes qui pendent des arbres. Après avoir trouvé un bon endroit pour camper et pris un bain rafraîchissant dans un ruisseau froid, allongés à l'ombre, nous avons éprouvé cette impression de solitude totale qui, dans un lieu sauvage, s'empare de l'âme comme une bénédiction. La nuit était une merveille. Avec une indifférente et inconsciente solennité, les constellations se sont, l'une après l'autre, mises en place, nous laissant endormis là au milieu d'étranges murmures.

Levés tôt, nous avons parcouru plusieurs kilomètres dans ces vallons avant l'aube. Pas d'arbres ici, simplement des collines herbues s'élevant l'une derrière l'autre. Parvenus à l'endroit où la descente commence et où la forêt, une fois de plus, empiète sur les collines dénudées, nous avons fait une pause. Après avoir bavardé un moment, assis sous un arbre dont les racines s'enfonçaient dans le sol comme les tentacules d'une pieuvre, nous avons remarqué que les branches au-dessus de nous étaient couvertes de pierres. Nous avons tous les deux compris ce que cela voulait dire. Les indigènes qui empruntaient cette voie considéraient que le chemin où nous allions nous engager pour descendre était extrêmement dangereux. C'est un usage chez eux, quand ils sont sur le point de suivre un chemin périlleux, de le signaler en plaçant des pierres dans les arbres. C'est, je pense, une superstition comparable à celle qui nous fait toucher du bois afin de prévenir les mauvais tours que la destinée garde en réserve pour nous. J'ai regardé ces offrandes votives avec intérêt et appréhension. Quelques pierres adhéraient encore aux branches plates comme des bernacles, mais d'autres, tombées sur le sol, gisaient en tas près de l'endroit où nous étions assis. Le vent les avait peut-être fait tomber. Aucun indigène n'aurait eu le courage de les déplacer. Certaines pierres avaient peut-être été posées là depuis plus de cent ans, à l'origine manipulées par des doigts noirs depuis longtemps tombés en poussière, mises en place – qui sait – l'après-midi même où Shelley s'était noyé, ou lorsque William Cowper était parti pour le Norfolk avec mon arrière-grand-père. Il y avait quelque chose d'inquiétant dans cette descente à travers la forêt. Des arbres gigantesques, presque aussi hauts que les bois rouges qui poussent au pied du mont Tamalpais[4] en Californie, faisaient obstacle à la lumière du soleil et, tandis que les chevaux se glissaient pas à pas à travers l'exubérance du feuillage, il était facile d'imaginer combien serait étouffé le cri d'un malheureux, victime d'un mauvais coup dans un endroit pareil. Une fois dans la savane, la progression fut plus rapide. Il nous restait un peu plus d'une trentaine de kilomètres à parcourir pour atteindre le campement sur les rives du Guaso Nyiro[5]. De ce côté des montagnes, il semblait faire plus chaud que jamais. À demi somnolents sur la selle, nous avons poussé toujours plus avant. Même au coucher du soleil, l'air semblait retenir la chaleur étouffante de midi. Il y avait de l'herbe à profusion, mais elle était aussi grise que le dos d'un blaireau. Partout broutaient des troupeaux de zèbres, d'élands, de bubales. Soudain, au détour d'une colline, nous nous sommes trouvés face au mont Kenya[6]. Je n'oublierai jamais ce moment. Il était stupéfiant de lever les yeux des basses terres chaudes sur les champs de neige

4. Montagne faisant partie des chaînes côtières californiennes au nord de la baie de San Francisco. Culmine à 785 mètres.

5. S'écrit aussi Ewaso Ng'iro. Fleuve du Kenya qui prend sa source sur le versant ouest du mont Kenya et coule vers le nord, puis vers l'est, enfin vers le sud-est en passant par la Somalie. Le nom du fleuve, dérivé de la langue et de la communauté locales, signifie « le fleuve d'eau brune ou boueuse ». Il est appelé par certains Ewaso Nyiro.

6. Le mont Kenya, dont le nom signifie « montagne de l'autruche » chez les Wakamba, l'une des populations vivant à son pied, est le deuxième plus haut sommet de l'Afrique, derrière le Kilimandjaro. Il culmine à 5 199 mètres.

et les pentes glaciales de ces hauts pics montagnards couronnés de crêtes blanches où passe la ligne de l'équateur.

Nous avons fini par trouver les moutons qui avaient été parqués sur le grand rocher. Faisant halte, échanges avec le berger massaï qui nous dit que les bêtes ne crevaient plus et, suivant ses indications, nous sommes partis en direction d'un bosquet d'épineux où une tente avait été plantée pour nous. Ce soir-là, festin autour d'une pintade copieusement arrosée de graisse de chèvre, jusqu'à éprouver la sensation d'un contentement infini. N'avions-nous pas mis cent mille kilomètres entre nous et ces grossières cigognes marabout ?

25.

Sur les rives du Guaso Nyiro

Les mois que je passai avec mon frère sur les rives du Guaso Nyiro furent très heureux. La guerre était terminée et je savais que je gagnerais bientôt la côte pour faire voile vers l'Angleterre. J'étais enfin déchargé de la responsabilité de veiller sur les moutons. Ils pouvaient avoir le fourchet, la gale, crever par milliers, à partir de maintenant, je m'en balançais.

La tente était plantée sous un bouquet d'arbres, au sommet d'une pente, à deux cents pas environ du fleuve. Nous passions la journée à chevaucher dans la grande plaine à travers laquelle, matin et soir, tombait l'ombre conique du mont Kenya, où j'ai vu pour la première fois un oryx, cette antilope dont les cornes sont aussi effilées que des rapières et que beaucoup croient être la licorne originale. Parfois nous tombions sur un rhinocéros en balade et nous le suivions un moment, tandis qu'il errait d'un pas lourd. Mon chien, Égypte, se précipitait sur lui, et l'énorme bête renâclait et chargeait. Je notais soigneusement la distance qui nous séparait et, si je considérais qu'il n'y avait pas suffisamment d'espace, je tournais bride et prenais la direction opposée. Vers le soir, nous nous baladions au sommet d'une colline avant de nous asseoir sous un épineux rabougri qui avait trois branches tordues, et d'observer, dans les hauteurs du mont Kenya, l'éclat rouge lentement virer au gris. Après souper, allongés sous la tente, la lumière pâle de la lanterne révélait qu'une centaine de mouches – la très commune mouche domestique – s'étaient collées au plafond de toile, en proie à une transe somnifère. Alors que nous étions étendus là, côte à côte sous cette voûte légère, elle-même enclose sous la gigantesque voûte du ciel nocturne, dehors, mon frère sortait une flûte et commençait à jouer la *Gigue de Kilsbury* ou quelque vieille chanson d'un autre comté de l'Ouest, capable de nous remplir la tête de souvenirs des fêtes villageoises de jadis dans les vergers ombreux sur les rives de la Parrett[1]. On voyait tout cela comme si on n'avait jamais quitté l'ancien comté – les bottes poussiéreuses de la fanfare en uniforme, menant les fêtards marchant à la débandade, les bannières, les drapeaux, les filles en robe blanche dont l'ourlet délicat allait très vite être sali par la sève de l'herbe verte.

Puis on se préparait à dormir, et si jamais on ouvrait un œil au cours de ces longues heures noires, c'était pour comprendre que tout le pays qui s'étendait au-delà du fleuve,

1. Rivière du Somerset.

et plus loin vers le Kenya, n'était qu'un concert de rugissements. En regardant par l'étroite ouverture de l'entrée de la tente, on pouvait presque se figurer que l'on voyait les crinières fauves inclinées tandis que les derniers grondements secouaient l'air. Réveillés de bonne heure, après avoir fait toilette dans un seau d'eau glacée que Kamoha apportait du fleuve, nous respirions l'air frais des tropiques, tandis que, sur les montagnes pourpres, les contours des pentes boisées devenaient de plus en plus précis.

Une nuit, un diabolique concert de rugissements nous a réveillés en sursaut. Se levant d'un bond, mon frère s'est emparé de son fusil à la volée. Le son venait d'un endroit situé derrière la tente. Transis de peur, les boys sortaient des huttes herbues en rampant. Willie faisait de son mieux pour calmer les chevaux qui essayaient de se libérer. Le tapage a duré plusieurs minutes, rugissement sur rugissement de férocité démente, puis s'est arrêté aussi soudainement qu'il avait commencé. Nous étions tous les deux convaincus que seuls les lions sont capables de faire un tel vacarme. Mais qu'est-ce qu'ils avaient bien pu tuer ? Solution du problème dans la matinée. Nous avons découvert un lion mort à moins de deux cents pas. Une bête énorme, en parfait état, mais au corps terriblement mutilé, comme s'il avait été taillé en pièces à la hache. S'éloignant de l'endroit où il gisait, on voyait dans la poussière les empreintes d'un second lion – des empreintes *sasa tembo*, « comme celles d'un éléphant », selon l'expression de Kamoha, et c'était vrai, elles étaient vraiment monstrueuses. Quel affrontement ! Lion royal contre lion impérial se déchirant au milieu des épines !

Qui aurait pu supporter les battements de ces deux cœurs en proie à la furie, la force des muscles crispés par la rage, l'éclair rouge des yeux aux paupières jaunes, tandis qu'ils roulaient l'un sur l'autre dans une étreinte fatale à la lumière des étoiles de la Croix du Sud ? Maintenant que j'ai regagné un environnement civilisé, j'en viens à apprécier combien j'ai eu l'esprit libéré par la simple contemplation de ces incidents africains. Quand je suis en danger d'être pris dans l'un ou l'autre de ces pièges bourgeois savamment appâtés, je n'ai qu'à penser à cet affrontement sublime, et considérations et préoccupations mesquines retrouvent immédiatement leur place. À cette époque, nous avions une chevrette dont nous dépendions pour le lait. On rompait le jeûne sous un bouquet d'arbres à quelques pas de la tente. Nous avions aménagé là une sorte de tonnelle, et c'était très agréable de manger du porridge dans une retraite ombragée où il n'y avait pas de mouches. J'en vins bientôt à aimer le lait de chèvre et chaque fois que, durant la journée, mon regard tombait sur cette créature efflanquée, j'envoyais un boy la traire. Également – j'ai honte de le dire – dès que la nuit tombait, nous nous en servions comme appât dans le piège à léopard que nous avions construit. Un soir, j'ai découvert que Kamoha donnait de ce lait trois fois précieux à un étrange boy qui mangeait du *posho* près du feu. Je me suis arrêté et nous avons bavardé un moment. Le visiteur était un Kikuyu, et il s'avéra qu'il avait été le compagnon de l'indigène mort que nous avions laissé près de la rivière Milowa. Ainsi, tout à fait par hasard, j'ai appris ce qui s'était passé. Apparemment, les Kikuyu avaient campé près du gué lorsqu'ils virent approcher trois marchands somaliens, chacun monté sur une mule. Selon leur habitude, cachés dans les buissons, ils observèrent les visiteurs. À minuit, jugeant au silence et à l'état du feu mourant que les commerçants étaient endormis, ils sortirent en rampant dans l'espoir de voler un sac de riz accroché à l'une des selles. Le boy assassiné, qui s'était aventuré le plus près du sac, sentit soudain qu'on lui retenait la cheville. À la plainte terrifiée qu'il poussa, son compagnon – avec lequel j'étais en train de bavarder – s'enfuit dans les broussailles inextricables de la berge. Cependant le Somalien, sans hésiter une seconde, dégaina son poignard d'ornement et éventra le voleur, comme on éventre un lièvre au bond. Ceci fait, il rajouta quelques bûches dans le feu et se roula de nouveau en boule pour dormir. Le narrateur conclut le récit en remarquant simplement : « On ne plaisante pas avec les Somaliens. » Puis il se remit à manger du *posho* comme si tout cela était de l'histoire ancienne. « Certainement, pensai-je en pénétrant sous la tente, c'est un pays fait pour les vivants. Les gens ont la mémoire courte pour les morts, en Afrique. »

Enfin vint pour moi le jour d'entamer une nouvelle fois la traversée des monts Aberdare. Après quelques jours passés dans la vallée du Rift, je gagnerais la côte pour y attendre un bateau à destination de l'Angleterre. Chevauchée d'une journée entière en compagnie de mon frère, avant d'atteindre enfin, épuisés par cette longue trotte, la rivière Sugeroi, où nous avions l'intention de passer la nuit en campant au gué, mais c'était évidemment l'endroit où tous les animaux de la forêt avaient l'habitude de se désaltérer. Nous avons donc décidé de le traverser et de chercher un coin plus propice le long de la berge. Nous avons vite trouvé l'endroit idéal : un espace dégagé près d'un arbre mort. Pied à terre. Recherche de bois pour le feu. Remplir la casserole d'eau de la rivière. Faire une tente d'un tapis de sol et couper de l'herbe pour les chevaux. Nous nous attendions presque à avoir des ennuis cette nuit-là, mais nous étions trop fatigués pour prendre d'autres précautions que celles d'alimenter le feu de bûches et de garder les fusils à portée de main. En fait, nous avons dormi jusqu'à l'aube et rompu le jeûne en mangeant du riz et en buvant du thé. La collation à peine terminée, ont résonné à travers la forêt les stridentes sonneries de trompette des éléphants. Comme ils venaient à l'évidence dans notre direction, nous avons ramassé nos affaires, levé le camp, et nous nous sommes séparés en nous disant adieu.

Après une courte chevauchée j'ai tourné la tête. De l'endroit où je me trouvais, je voyais nettement l'arbre mort, la fumée du feu et la silhouette de mon frère diminuant de plus en plus dans la savane. Soudain, tandis que j'observais la scène, cinq éléphants sortirent de la forêt et commencèrent à se diriger vers l'endroit même où nous avions campé. Ils évitèrent sans doute les braises mourantes du feu car, au début de cette année 1924, je reçus une lettre de mon frère disant qu'en passant par la rivière Sugeroi, il avait retrouvé intact l'endroit où nous avions campé. Les trois pierres sur lesquelles la casserole avait été posée en équilibre n'avaient pas été dérangées, et, sous un épais matelas d'herbe, il avait même découvert les débris carbonisés du bois que nous avions brûlé la veille de la Saint-Marc 1919.

26.

Du sang ! Du sang ! Du sang !

La vallée du Rift, quand j'y suis repassé, était complètement transformée. Les pluies venues, plaines, cratères et pentes boisées étaient de nouveau reverdies. Les roseaux plumeux de la berge du lac oscillaient une fois encore au-dessus d'une eau profonde. Je suis resté là deux semaines, me promenant comme un revenant dans les lieux familiers où j'avais travaillé. Quelle merveilleuse sensation de liberté j'éprouvais alors !

La veille de mon départ, je suis descendu sur la rive du lac Elmenteita. Ayant en poche le journal dont je me servais pour tenir les comptes des moutons, j'avais envie d'essayer de capter en quelques lignes de prose quelque chose de l'humeur sombre de ce pays. À cette époque-là, je portais souvent une chemise d'un rouge flamboyant. À midi, tombant la veste, j'ai continué d'écrire, la chemise exposée en pleine lumière. Il m'a bientôt semblé que le ciel au-dessus de ma tête s'obscurcissait. Les vautours étaient descendus. Ils avaient vu quelque chose de rouge, qui ne bougeait pas, et cela ne pouvait signifier qu'une chose pour eux – DU SANG ! DU SANG ! DU SANG ! C'était un événement qui allait comme un gant à la mesure de ce continent. Et, dans l'orbite de l'espace infini, l'œil jaune dément du soleil tropical continuait avec un aplomb malsain à fixer du regard la phalange emplumée de volatiles sans dieu qui tournoyaient au-dessus du renégat en fuite marqué au fer rouge, destiné – où qu'il aille – à porter sur le dos jusqu'à sa dernière heure la marque d'infamie des zébrures cinglantes de l'Afrique.

Table des matières

LE RIRE NOIR

Dans la même collection

Jean de Bosschère, *La Fleur et son parfum*
Jean de Bosschère, *Les Paons et autres merveilles*
Xavier Carteret, *Les Champignons mortels d'Europe*
Gustav Caroll, *Paradis perdu, forte récompense*
Jean-Paul Colin, *Les Sages paroles des animaux*
Alain Cugno, *Libellules*
Julie Delfour, *Le Troisième animal*
Julie Delfour, *Les Guetteurs d'ombres*
André Dhôtel, *Le grand rêve des floraisons*
André Dhôtel, *Le vrai mystère des champignons*
William Henry Hudson, *Chants d'oiseaux*
William Henry Hudson, *Conseils aux chasseurs de vipères*
William Henry Hudson et Patrick Reumaux, *Venins*
William Henry Hudson, *Vertes demeures*
William Henry Hudson, *Contes des Pampas*
Dominique Jacobs, *Splendeurs de l'araignée*
Dominique Jacobs, *Peau de vaches*
Édith de La Héronnière, *La sagesse vient de l'ombre*
Édith de La Héronnière, *Chemins de traverse*
Eugène Le Moult, *Mes chasses aux papillons*
John Lewis-Stempel, *La Prairie*
Stefano Mancuso, *Des hommes qui aiment les plantes*
Jean-Pierre Mégnin, *La Faune des cadavres*
Liam O'Flaherty, *Poils et Plumes*
Lucien X. Polastron, *Philosophia naturalis*
Llewelyn Powys, *Que les noix brunissent*
Patrick Reumaux, *L'Artiste en petites choses*
Patrick Reumaux, *Chasses fragiles*
Patrick Reumaux, *Les Mouches à sang*
Patrick Reumaux, *Les Tueurs*
Eryck de Rubercy, *La Matière des arbres*
John Ruskin, *Écrits Naturels*
Vita Sackville-West, *Journal de mon jardin*
Vita Sackville-West, *Mes Favorites*
Robert Van Gulik, *Le Gibbon dans la civilisation chinoise*
Izaak Walton, *Le Parfait Pêcheur à la ligne*
John George Wood, *Le fouet de la méduse & autres récits*

Ce volume,
le trente-huitième de la collection « De natura rerum »,
publié aux éditions Klincksieck,
a été achevé d'imprimer en décembre 2022
sur les presses de la Manufacture Imprimeur
52200 Langres

Composition et mise en pages : Flexedo (prepresse@flexedo.com)

N° d'éditeur : 00392
N° d'imprimeur : 221096
Dépôt légal : janvier 2023